# ALLGEMEIN WISSEN

## Besserwisser auf Knopfdruck

Wie Sie Ihre Allgemeinbildung mit einfachen Lerntechniken in kürzester Zeit auf ein neues Level heben und vor Intelligenz und Selbstbewusstsein strotzen

# INHALT

# Einleitung

Während Allgemeinwissen früher für den Alltag zwingend notwendig war, spielt es heutzutage eine eher untergeordnete Rolle. In Zeiten des permanenten Internetzugriffs halten es gerade jüngere Generationen für weniger relevant, sich zu den alltäglichen Bereichen des Lebens grundlegende Informationen anzueignen. Im Zweifelsfall weiß Google alles – wozu sich also den Kopf mit der aktuellen politischen Situation, historischen Fakten oder Musikgeschichte vollmüllen?

Dennoch sollten Sie zumindest bis zu einem gewissen Grad über basierende Daten und Fakten Bescheid wissen. Warum das so wichtig ist, was alles zum Allgemeinwissen gehört und wie Sie es sich aneignen können, erfahren Sie im folgenden Ratgeber.

# Was bedeutet Allgemeinwissen

Unter Allgemeinwissen werden all die Informationen zusammengefasst, die jeder Mensch im Laufe seines Lebens erlernen kann – unabhängig von Intelligenz, Herkunft oder Bildungslaufbahn. Dabei geht es sowohl um die Dinge, die Sie in Ihrer Erziehung beigebracht bekommen oder in der Schule erlernt haben, als auch um alle Fakten, die Sie sich unbewusst aneignen – wie etwa die Interaktion zwischen sich selbst und den Menschen um Sie herum.

Es handelt sich aber niemals um detaillierte Informationen zu einer bestimmten Sache, sondern um eine Art Grundbestand, auf der Spezialwissen aufbaubar ist. Neben der Tatsache, dass Sie mittels eines hohen Allgemeinwissens eine breite Palette an Gesprächen führen können, spielt es auch für Ihre Persönlichkeitsentwicklung eine maßgebliche Rolle. Es entscheidet darüber, wie Sie auf Situationen reagieren und wie Sie Zusammenhänge miteinander verknüpfen können. Google liefert Ihnen zwar alle Informationen, die Sie in der jeweiligen Situation benötigen – aber nur, wenn Sie sich das Wissen auch tatsächlich aneignen, sind Sie in der Lage, die verschiedenen Daten miteinander zu verknüpfen und daraus eine Art roten Faden bilden zu können. Die Psychologie definiert Allgemeinwissen über das Langzeitgedächtnis und setzt es in direkten Zusammenhang mit der Intelligenz. Sie besagt, dass alle Informationen, die zu diesem Wissen gehören, im Langzeitgedächtnis abgespeichert werden und von dort aus jederzeit abrufbar sind. Dort befinden sich nur Daten, die tatsächlich verinnerlicht, also verstanden wurden. Wie gut und schnell Sie dieses Wissen aufbauen können, hängt von Ihrem gegebenen Intellekt ab.

Grundlegend unterscheiden sich die Informationen, die als Allgemeinwissen gelten, je nach Kultur und Ursprungsland. In China gelten etwa andere Dinge als lebensnotwendig als hier in Deutschland.

Gleichzeitig werden Sie andere Prioritäten setzen, wenn Sie beispielsweise behütet in einem Einfamilienhaus mit zwei gut verdienenden Elternteilen aufgewachsen sind, als wenn Sie mit Ihren drei Geschwistern in einer kleinen Wohnung mit Ihrer Mutter oder Ihrem Vater immer um alles im Leben kämpfen mussten – selbst um Aufmerksamkeit und Zuneigung. Bedingt durch die heutige Informationsgesellschaft zählen mittlerweile auch Eigenschaften wie die Bewertung und Entschlüsselung von gesammelten Informationen, Techniken zur Recherche und Medienkompetenz, also das Schließen von Zusammenhängen, dazu. Es geht nicht mehr nur darum, möglichst viel zu wissen, sondern vielmehr um das Wissen, wie Sie in möglichst kurzer Zeit und so effizient wie möglich brauchbare Informationen sammeln, bewerten und verstehen können. Aus diesem Grund arbeiten Schulen häufig mit Gruppenarbeiten, Mind Maps und Power Point Präsentationen in Selbstarbeit. Auf diese Art und Weise versuchen sie gleichzeitig, dagegen anzukämpfen, dass durch den Fortschritt der Technik der allgemeine Wissensstand immer niedriger ausfällt.

Wenn man der Definition von Allgemeinwissen nach dem deutschen Erziehungswissenschaftler Wolfgang Klafki folgt, zählen zu diesem Bereich auch sozialkritische Themen wie Menschenrechte, Frieden oder Umweltschutz.

Bei Allgemeinwissen ist die Qualität unabhängig von der Quantität. Die Flut an Informationen ist nahezu unerschöpflich. Möchten Sie Ihr Wissen in bestimmten Fachbereichen erweitern, haben Sie eine schier endlose Palette an Möglichkeiten. Beim Thema Allgemeinwissen haben Sie jedoch eine beschränkte Auswahl von Erfahrungen, Einsichten, Daten und Werten. Diese sind zwingend notwendig, um Ihren Charakter zu formen und Ihnen die Möglichkeit zu geben, Ihr Wissen in bestimmten Bereichen weiter auszubauen.

# Allgemeinwissen vs. Allgemeinbildung

Der Begriff der Allgemeinbildung stammt ursprünglich aus der Aufklärungsepoche und galt lange Zeit als Überbegriff für die Charakter- und Persönlichkeitsbildung. Heutzutage gelten Allgemeinwissen und Allgemeinbildung bei vielen Menschen als Synonyme. Im Grunde genommen handelt es sich jedoch nicht um die gleichen Begriffe – Allgemeinbildung ist vielmehr ein Überbegriff. Man kann sie nur haben, wenn man Allgemeinwissen besitzt. Die Bildung sorgt dafür, dass aus dem vorhandenen Wissen Zusammenhänge ermittelt und verstanden werden. In diesem Fall ist also die Fähigkeit des Verstandes einbezogen, Dinge verarbeiten zu können. Sie kennen diese Problematik mit Sicherheit noch aus Ihrer schulischen Laufbahn. Ich hatte immer große Schwierigkeiten mit wissenschaftlichen Fächern. Theoretisch wusste ich zwar, wie beispielsweise eine optische Linse das Licht bricht. Ich verstand es jedoch nicht und konnte es daher nicht anwenden und dementsprechend keine zusätzlichen Informationen aufbauen oder auch nur eine einzige Gleichung lösen.

Kennen Sie die Serie "The Big Bang Theory"? Sie liefert im Grunde genommen ein sehr treffendes Beispiel. Die Protagonisten haben umfassendes und sehr spezielles Wissen im Bereich der Physik, sie haben dieses Wissen auch verinnerlicht und verstanden und können es anwenden. In anderen, viel alltäglicheren Bereichen haben sie zwar die Informationen, durch mangelndes Verständnis können sie sie aber nicht umsetzen. So weiß einer der Darsteller beispielsweise zwar theoretisch, wie man Auto fährt, kann es aber praktisch nicht umsetzen. Es fehlen Erfahrung und die Fähigkeit, mit den verschiedenen Einflüssen des Alltags umzugehen, während man sich auf Schalten, Lenken und Bremsen konzentrieren muss.

Allgemeinwissen und Allgemeinbildung unterscheiden sich also insofern voneinander, dass Ihnen das reine Wissen über Dinge nicht dabei helfen wird, sich als Mensch zu entwickeln. Die Bildung schafft das Fundament für Spezialwissen. Das Wissen benötigen Sie lediglich, um sich in der Welt zurechtfinden zu können. Es gibt Wissen, etwa Orientierungswissen wie das Lesen einer Landkarte, das keinen Bildungswert hat. Wenn Sie eine Karte lesen können, finden Sie sich dadurch besser zurecht – Sie wissen aber nicht automatisch, was es mit der Stadt auf sich hat, in der Sie sich gerade befinden. Umgekehrt gibt es Bildungswerte, die nicht über Wissensprozesse erworben werden können. Gerade im sozialen und zwischenmenschlichen Bereich können Sie tausende Bücher lesen, werden aber dennoch nicht wissen, wie Sie beispielsweise Verantwortung übernehmen oder zu Ihren eigenen Fehlern stehen können. Diese Dinge lernen Sie nur mittels Erfahrung und sozialem Kontakt. Dennoch ist das eine ohne das andere ausgeschlossen. Fehlt Ihnen die Erfahrung, können Sie das erworbene Wissen nicht anwenden oder neu strukturieren. Ohne das vorhandene Wissen können Sie die Dinge jedoch auch nicht austesten oder andere Sachen darauf aufbauen.

# Geschichtliche Hintergründe

Der Begriff stammt aus einer Zeit, in der den Menschen klar wurde, dass sich die unzähligen Informationen, die sich sammeln, seitdem wir auf der Erde wandeln, nicht in wenigen Büchern zusammenfassen lassen. Für einzelne Menschen gibt es Wissen, dass für andere wiederum nutzlos ist – ich beherrsche beispielsweise fünf Sprachen und weiß jede Menge zu sprachlicher Bildung. Dieses Wissen würde Ihnen aber nicht weiterhelfen, wenn Sie etwa als Handwerker arbeiten. Die Menschen verstanden allerdings, dass jeder eine Art Grundbasis benötigt, um sich solches Wissen anzueignen. Wenn ich etwa nicht wüsste, wie ich schreiben oder sprechen muss, könnte ich das nicht auf andere Sprachen und Kulturen übertragen.

Der tschechische Philosoph, Theologe und Pädagoge Johann Amos Comenius formulierte einen ersten Ansatz zum Allgemeinwissen. Er lebte zu einer Zeit, zu der Bildung nicht alltäglich, sondern ein wertvolles Gut war, das nur den oberen Bevölkerungsschichten zustand. Sein Grundgedanke lag darin, allen Menschen alles an Wissen zukommen lassen zu können. Im Laufe der Jahrhunderte versuchten viele Wissenschaftler, diesen Ansatz weiter auszubauen.

Die Unterricht- und Bildungspflicht gibt es seit dem 17. Jahrhundert in Europa. Während sie eigentlich dem Zweck dienen sollte, die Untertanen des Adels gefügig zu machen, hatten vor allem humanistische Philosophen wie Wilhelm von Humboldt im 19. Jahrhundert das Ziel, Bildung leichter zugänglich zu machen. Sie scheiterten leider sehr häufig, da die reine Weitergabe der Bücher nichts half – wie auch, es konnten schließlich nur die elitären Schichten überhaupt lesen. Dennoch sind seine Ansätze bis heute in den Schulen spürbar. Er maß den Sprachen Latein, Griechisch und Deutsch besondere Wichtigkeit bei und konzentrierte sich dementsprechend mehr auf theoretische Inhalte als auf praktische

Fakten, wie sie beispielsweise in Berufsschulen gelehrt werden. Aufgrund dessen sind Gymnasien bis heute spürbar mehr theoretisch als vergleichbare andere Bildungswege.

Einer der prägendsten Einflüsse stammt vom Erziehungswissenschaftler Wolfgang Klafki (*1927; +2016). Ebenfalls im 20. Jahrhundert beschäftigte er sich eingehend mit den Bereichen Bildung und Allgemeinwissen. Seine Thesen stützen sich auf die Annahme, dass junge Menschen mit Hilfe von Allgemeinbildung ein selbstbestimmtes und von Vernunft gesteuertes Leben führen können, das von Glück, Freiheit, Anerkennung und Gerechtigkeit geprägt ist. Er setzte Bildung und Erziehung gleich – somit ist eine zuverlässige Erziehung maßgeblich, um ein gebildeter Erwachsener zu werden.

Laut Klafki besteht Bildung aus vier verschiedenen Eigenschaften. Zuerst soll sie einem Menschen dabei helfen, seine Fähigkeiten und Talente zu entwickeln und alle Informationen selbstkritisch hinterfragen zu können. Dennoch ist sie abhängig von der jeweiligen Ausgangssituation – sowohl historisch als auch gesellschaftlich und kulturell. Sie können dementsprechend nur Wissen durch Bildung erlangen, wenn Sie sich zuerst mit Ihrem Umfeld, den Normen und Werten der Menschen um Sie herum und der allgemeinen politischen Lage auseinandersetzen.

Gleichzeitig geht Klafki davon aus, dass Bildung individuell ist. So wie Sie Ihre Stärken und Schwächen haben, die Sie individuell als Menschen kennzeichnen, haben Sie auch Ihre eigenen Methoden, um sich Wissen anzueignen. Ich muss beispielsweise die Dinge aufschreiben, um sie mir einprägen zu können. In der Berufsschule saß ich neben einem Bekannten, der mit einem auditiven Gedächtnis gesegnet war – das bedeutet, er konnte sich die Dinge einprägen, indem er sie wiederholt gehört hat. Während ich also wie ein Verrückter alles aufschrieb, konnte er einfach danebensitzen und zuhören. Obwohl Sie also für sich selbst erkennen müssen, auf welche Art und Weise Sie sich bilden möchten, wird es ohne Ihre Umgebung nicht funktionieren. Nur indem Sie sich mit anderen

Personen austauschen, in Diskussion stehen und sich andere Meinungen anhören, hinterfragen Sie alle Informationen und schauen auch einmal über den Tellerrand hinaus. Auf dieser Basis deklarierte Klafki den Begriff der Allgemeinbildung als Sammelbegriff für alle Informationen, die der Öffentlichkeit frei zugänglich sind – unabhängig von Herkunft oder Religion. Das Ziel ist, dass der Mensch in allen geistigen, körperlichen und intellektuellen Bereichen gefördert werden kann, ohne sich auf bestimmte Bereiche zu fixieren.

# Exkurs in die neuronalen Zusammenhänge und den Einfluss des Gedächtnisses

Das menschliche Gehirn umfasst verschiedene Bereiche, die alle mit jeweiligen Aufgaben verbunden sind. Unser Erinnerungsvermögen und die Fähigkeit, Informationen abzuspeichern, werden vom sogenannten semantischen Gedächtnis betreut. Mit jedem Jahr steigt die Größe dieses Gedächtnisses, da wir fortlaufend neue Informationen erhalten. Nicht umsonst gibt es das Sprichwort "Man lernt nie aus". Der einzige Nachteil besteht darin, dass es dem Gehirn leichter fällt, sich Dinge zu merken, wenn dazu eine emotionale oder praktische Verbindung besteht. Emotionen funktionieren als sogenannte Anker, die Ihr Gehirn nutzt, um sie speichern zu können. Schon allein aus diesem Grund ist es unwahrscheinlich wichtig, die Dinge nicht nur zu lesen, zu sehen oder zu hören, sondern sie auch zu verstehen – andernfalls werden Sie sich nichts merken können.

Der Intelligenzquotient hängt unmittelbar mit diesem semantischen Gedächtnis zusammen. Auch wenn es häufig abgewiesen wird – da Sie fortlaufend lernen können, sind Sie auch in der Lage, Ihren IQ zu erhöhen. Indem Sie bestimmte neuronale Bahnen Ihres Gehirns häufiger nutzen, werden diese gestärkt – ähnlich wie die Muskulatur bei einem Sportler. Je gestärkter sie sind, desto länger und vor allem effizienter können sie von Ihnen genutzt werden. Haben Sie beispielsweise Dinge, auf die Sie sich mühelos stundenlang konzentrieren können, oder Wissensbereiche, bei denen Sie sofort eine Flut von Informationen abrufen können, während Ihnen bei anderen nach zehn Minuten die Puste ausgeht oder Sie das Gefühl haben, sie sich einfach nicht einprägen zu können, völlig egal, wie oft Sie darüber lesen? Damit wissen Sie, welche Bahnen gestärkt sind und wo

Sie gegebenenfalls Ausbaupotential finden. Das semantische Gedächtnis ist unbegrenzt, es hat sozusagen einen unendlichen Speicher. Die Informationen kommen hier gebündelt an – während Sie schlafen, durchlaufen Sie die ein oder andere Tiefschlafphase. Diese wird genutzt, um die Flut von Informationen zu filtern, zu sortieren und gegebenenfalls abzuspeichern. Einflüsse aus der Umwelt oder einzelnen Dingen, die Sie alltäglich erleben, werden mit Hilfe des Arbeitsgedächtnisses aufgenommen.

Das Arbeitsgedächtnis verfügt lediglich über einen begrenzten Speicherplatz und filtert innerhalb von Millisekunden bereits viele Informationen, um Sie nicht zu überlasten. Diesen Vorgang ermittelt unser Gehirn automatisch, ohne dass Sie sich darauf konzentrieren müssen. Je nachdem um welche Informationen es sich handelt, wägt Ihr Gehirn Sinnhaftigkeit, Relevanz, Neuigkeitswert und Bedeutung ab. Diese Faktoren sind entscheidend dafür, ob Sie sich Dinge merken oder eben nicht. Diese Kommunikation im Inneren Ihres Körpers geschieht über Neuronen und Nervenzellen. Menschen mit einem hohen Allgemeinwissen haben nachweislich effizienter vernetzte Nervenzellen als die von Menschen, denen ein solcher Kenntnisstand fehlt. Um Ihr Allgemeinwissen zu trainieren, kann es also ebenfalls förderlich sein, wenn Sie Ihr Arbeitsgedächtnis fit halten.

Um Ihr Allgemeinwissen zu erhöhen, müssen Sie lernen. Um für sich selbst eine erfolgreiche Lernform ermitteln zu können, müssen Sie verstehen, wie der Prozess des Lernens in Ihrem Gehirn verarbeitet wird. Alles, was Sie täglich erleben, sehen und hören, wird im sensorischen Gedächtnis aufgenommen und für das Kurzzeitgedächtnis verarbeitet. Dieser Teil Ihres Gehirns hat keine Speicherkapazität, weshalb Sie diesen Vorgang nicht bewusst mitbekommen – er wird in weniger als einer Sekunde abgewickelt. Er gibt den Dingen einen Namen, sodass Sie wissen, was Sie etwa gesehen haben. Gleichzeitig entscheidet das sensorische Gedächtnis, oder auch Ultrakurzzeitgedächtnis, über die Reize, die Sie aufgenommen haben und entschlüsselt sie nachfolgend. So füllt sich im Laufe des Tages Ihr Kurzzeitgedächtnis, auch Primärgedächtnis genannt. Die

Informationen werden hier so lange gespeichert, wie Sie sich damit beschäftigen. Wechseln Sie die Aufgabe, ist das Wissen weg. Wenn Sie etwas Neues erlernen möchten, sollten Sie also auch dafür sorgen, dass Ihnen keine Ablenkung die Aufgabe zunichtemachen kann. Dieser Teil des Denkens ist eine Art Durchgangsstelle zum tatsächlichen Speicherort unseres Wissens. Um Dinge ins Langzeitgedächtnis übertragen und sie sich somit merken zu können, hilft Ihnen entweder permanente Wiederholung, wodurch Sie beispielsweise Geräusche identifizieren können, die Sie bereits kennen, oder eine gezielte und bewusste Einübung, wie etwa, als Sie in der Schule Gedichte auswendig lernen mussten. Gleichzeitig werden Sie sich Dinge leichter merken können, wenn Sie allgemein positiv gestimmt sind, also gute Laune haben. In diesen Phasen können Sie sich auch besser erinnern, als wenn Sie müde oder traurig sind. Dann arbeitet Ihr Gehirn auf reduzierter Leistung. Da die Fähigkeit, Wissen abzurufen und sich zu erinnern, nicht lebensnotwendig ist, wird sie eingeschränkt.

Unser Gehirn verfügt über eine Art Schutzmechanismus. Persönliche Dramen und Traumata werden von der bewussten Erinnerung abgeschirmt, um unsere Psyche nicht unnötig zu belasten. Daher fällt es uns leichter, uns zu erinnern und Wissen zu nutzen, wenn wir damit einen positiven Zusammenhang ermitteln können.

Wenn Sie das Gefühl haben, sich absolut nichts merken zu können, kann es sein, dass Ihrem Körper das Vitamin Kalzium fehlt. Kalzium befindet sich beispielsweise in Milch oder Käse und sorgt für die Aktivität Ihres Kurzzeitgedächtnisses.

# Welche Vorteile ergeben sich durch Allgemeinwissen

Allgemeinwissen gehört wesentlich zum Bildungsbereich. Der Mensch, den ich mit dem am besten ausgebauten Grundwissen kenne, ist mein Großvater. Ich kann irgendwo in einer Stadt stehen und beispielsweise einen Copyshop suchen – er weiß, wo ich ihn finde. Er kennt jedes noch so kleine Dorf innerhalb Deutschlands, ich habe mit ihm für die Geschichtsprüfung meines Abiturs gelernt und auch bei Musik, Kunst oder anderen geisteswissenschaftlichen Themen weiß er unwahrscheinlich gut Bescheid. Sein breit gefächtertes Wissen sorgt dafür, dass ihn die Menschen für sehr schlau halten und ihn regelmäßig um Rat fragen.

Während der schulischen Laufbahn werden Ihnen die Grundlagen des Allgemeinwissens nahegebracht. Wenn Sie sich die Kategorien ansehen, die ich weiter unten aufgeführt habe, werden Sie sich vermutlich tatsächlich an einen Schultag erinnert fühlen. Für den ersten Eindruck ist dieses Wissen dennoch unabdingbar – lernen Sie jemand Neues kennen, wirken Sie sofort kultiviert, da Sie sich in vielen verschiedenen Themengebieten austauschen und beratschlagen können. Auch bei Bewerbungsgesprächen punkten Sie mit einem hohen Wissensstand. Das Institut für Demoskopie in Allensbach fand während einer Studie heraus, dass Probanden mit einem hohen Allgemeinwissen eine höhere und grundlegend positivere Chance auf eine erfolgreiche Laufbahn haben als vergleichbare Personen ohne dieses Wissen. Der Arbeitsmarkt ist voll und auch Arbeitgeber haben eine Auswahl – dementsprechend werden gern Fragen des Allgemeinwissens in Bewerbungsgespräche integriert. Die Tatsache, dass Ihnen das Internet bei Bedarf alle Informationen vermitteln kann, ändert nichts an diesem Faktor. Das Internet steht als Sinnbild für die Flut von Informationen, die täglich auf uns einprasseln. Auch bei gegebenen

Fakten müssen Sie also zuerst bewerten, ob Ihre Quellen vertrauenswürdig sind. Bei alten geschichtlichen Ereignissen ist das mühelos umsetzbar, bei aktuellen politischen Gegebenheiten können Sie damit jedoch schnell ins Fettnäpfchen treten. In diesen Fällen ist es hilfreich, bereits über Grundkenntnisse zu verfügen, anhand derer Sie nun die neuen Infos prüfen und deren Wahrheitsgehalt ermitteln können. Sie erlangen also eine gewisse Sicherheit und damit gleichzeitig Selbstvertrauen in Ihre Fähigkeiten.

Ich hatte ja erwähnt, dass sich auf Allgemeinbildung Spezialkenntnisse aufbauen lassen. Wofür Sie sich auch immer interessieren, meist haben Sie nicht die Zeit, vom Urschleim zu beginnen. Interessen können Sie erst entdecken, wenn Sie begonnen haben, sich in ein Thema einzuarbeiten und dabei feststellen, dass Sie gern mehr wissen würden. Ich habe das im Studium sehr deutlich zu spüren bekommen. Nachdem ich ein sprachlich vertieftes Abitur abgeschlossen hatte, habe ich mich für ein Studium der Sprachwissenschaften entschieden. Hätte ich zu diesem Zeitpunkt keinerlei Kenntnisse über die Semantik und Grammatik von Sprachen gehabt, wäre es unmöglich gewesen, mein Wissen in der geforderten Geschwindigkeit zu erweitern. Auch bei meiner nachfolgenden Ausbildung im kaufmännischen Bereich war mein Grundwissen von Vorteil. Bei dieser Lehre beschäftigt man sich viel mit Mathematik wie Gewinn- und Verlustrechnung, Bilanzen oder auch Prozentrechnung. Einige meiner Klassenkameraden hatten in diesem Bereich kein Allgemeinwissen – einfach weil sie es nie für nötig gehalten hatten, sich damit zu beschäftigen. Ihnen fielen die zugeteilten Aufgaben erheblich schwerer als mir, da sie zuerst verstehen mussten, wie das alles überhaupt funkioniert, bevor sie sich mit den Rechenwegen beschäftigen konnten.

Zu guter Letzt fördert Allgemeinwissen Ihr Verständnis. Meine Sprachkenntnisse helfen mir beispielsweise, die kulturellen Gegebenheiten der einzelnen Länder besser zu verstehen. Kultur und Sprache stehen oft in direktem Zusammenhang, so kann etwa eine falsche Begrüßung sofort einen schlechten Eindruck hinterlassen. Allgemeinbildung hilft Ihnen, quer zu denken und Zusammenhänge zwischen verschiedenen Themen zu verstehen. Eine wirtschaftliche Entscheidung fundiert meist auf Zahlen und Fakten – wissen Sie allerdings nicht, wie Sie eine Bilanz entschlüsseln können, wird Ihnen nicht ohne Weiteres klar, warum beispielsweise Einsparmaßnahmen für das kommende Geschäftsjahr getroffen werden. Die moderne Gesellschaft entwickelt sich immer schneller und da laufend neue Informationen hinzugefügt werden, wird sie auch stetig komplexer. Um hier mithalten zu können und nicht von der Flut an Wissen überladen zu werden, hilft Ihnen eine umfassende Grundbildung.

# Kritiken an Allgemeinwissen

Die wesentlichen Bestandteile von Allgemeinbildung bekommen Sie in der Schule beigebracht. Die Unterrichtsfächer haben das Ziel, Ihnen eine möglichst breit gefächerte Palette an Grundlagen zu vermitteln. Viele Schüler kritisieren dieses System jedoch mittlerweile. Aus persönlicher Sicht kann ich es bis zu einem gewissen Grad verstehen – mir war auch nie klar, wofür ich ein Gedicht interpretieren können muss und ich habe es seither nie wieder benötigt. Ich habe jedoch verstanden, dass es nicht um das Wissen an sich geht, sondern auch darum, die Dinge, die wir erlernen sollen, zu hinterfragen.

Das Wissen über die Funktionsweise einer Gedichtinterpretation lässt sich auch auf andere Lebensbereiche übertragen und soll dabei helfen, eine eigene Meinung zu bilden und sich aktiv mit dem Gelesenen auseinanderzusetzen. Dennoch werden Stimmen lauter, dass die Allgemeinbildung innerhalb der Schulen auf einen aktuellen Stand gebracht werden soll. Gerade Schüler aus höheren Bildungsebenen gehen meist in der Annahme, bereits alle wichtigen Informationen über das Leben gesammelt zu haben. Leider handelt es sich häufig nur um theoretisches Wissen, dem praktische Anwendung fehlt. Viele Menschen sind der Meinung, dass zum Allgemeinwissen auch Bereiche wie Hauswirtschaft, der sorgsame Umgang mit Geld oder der Weg in die Selbstständigkeit gehören und diese weiter gefördert werden müssten. Gleichzeitig wäre es wichtig, den Schülern das Wissen nicht nur zu vermitteln, sondern auch dafür Sorge zu tragen, dass es verstanden wird. Gute Noten in der Schule zeugen nicht von Verständnis, sondern lediglich davon, wie gut man auswendig lernen kann. Um dieses Ziel zu erreichen, müsste jedoch die Anzahl der Schüler innerhalb einer Klasse reduziert werden und das ist leider, bedingt durch Lehrkräftemangel und fehlende Räumlichkeiten, nicht möglich.

Der deutsche Philosoph und Soziologe Theodor Adorno kritisierte

Allgemeinwissen häufig als sogenannte "Halbbildung". Seiner Meinung nach wurde es zu oberflächlich vermittelt, sodass das Wissen nicht ausreicht, um darauf sinnvolle Diskussionen aufzubauen. Für ihn sollte Wissen auch darauf abzielen, Vorgänge kritisch zu hinterfragen, zu reflektieren und daraus eigene Schlüsse zu ziehen. Die Ursache sah er in der Informationsüberschüttung – es geschehen jeden Tag so viele verschiedene Dinge, dass es annähernd unmöglich ist, sich beim morgendlichen Blick in die Zeitung einen Überblick über alle aktuellen Themen zu verschaffen. Die vorhandene Kapazität wird meistens dafür aufgebracht, für den Alltag relevante Dinge zu lernen. Darunter zählen beispielsweise die Fähigkeiten, die Sie für Ihren Beruf benötigen.

Das Allgemeinwissen umfasst mittlerweile sehr viele komplexe Themen. Wie ich Ihnen bereits erklärt habe, werden Sie nur in bestimmten Bereichen über herausragendes Wissen verfügen. Wie gut Sie sich Dinge einprägen, hängt gleichzeitig von Ihren persönlichen Interessen ab. Ich interessiere mich beispielsweise nicht für Sport und kann Ihnen daher auch nichts zu den aktuellen Fußballergebnissen mitteilen. Das ist jedoch auch keine Tragödie, Sie müssen nicht für alles Experte sein.

# Wie können Sie Ihr Allgemeinwissen verbessern

Wie ich Ihnen bereits erklärt habe, befindet sich Ihr Allgemeinwissen in einem Bereich des Gehirns, dessen Speicherkapazität unbegrenzt ist. Sie haben also jederzeit die Möglichkeit, sich Grundkenntnisse zu allen für Sie relevanten Themengebieten anzueignen, sie auszubauen und stetig aktuell zu halten. Je jünger Sie sind, desto leichter fällt es Ihnen, neue Dinge zu erlernen. Kinder arbeiten vorwiegend mit der rechten Seite des Gehirns – sie verknüpft Erinnerungen mit Bildern und hilft so, sie schneller im Gedächtnis zu speichern. Dennoch haben Sie auch im Erwachsenenalter und selbst als Rentner immer noch Mittel und Wege, mit denen Sie Ihre vorhandenen Kenntnisse weiter ausbauen können. Meine Oma hat mit Mitte 50 noch angefangen, Englisch zu lernen. Zu ihrer Schulzeit wurde die Sprache nicht unterrichtet, sie fand sie allerdings spannend und wollte so gleichzeitig ihr Gedächtnis trainieren – mit Erfolg, sie war wirklich gut. Sie können also selbst darüber entscheiden, ob Sie Ihren Wissensstand und damit Ihre Zukunftschancen verbessern möchten.

Grundlegend verbessert sich jede Form von Wissen – also auch Ihr Allgemeinwissen – mit erfolgreichem Gedächtnistraining. Der größte Irrglaube besteht allerdings darin, dass sich durch Gehirnjogging und andere Übungen dieser Art Ihr Denkvermögen verbessert. Stattdessen sprechen Wissenschaftler von sogenannten "Transfereffekten". Sie beschreiben die Auswirkungen solcher Trainings auf die bereits vorhandenen Hirnregionen und Fähigkeiten der einzelnen Personen. Es wird zwischen Nahtransfereffekten und Ferntransfereffekten unterschieden. Der Unterschied besteht darin, dass die Fähigkeiten, die eng mit den im Gedächtnistraining geübten Eigenschaften zusammenhängen, bei den Nahtransfereffekten ebenfalls eine positive Entwicklung zeigen. Das bedeutet, dass

Sie beispielsweise nach dem Üben von Zahlenkombinationen ebenfalls eine Verbesserung beim Einprägen von verschiedenen Wörtern und Sätzen, wie beispielsweise bei einem Gedicht, haben. Ferntransfereffekte zielen vielmehr auf eine Steigerung des gesamten Denkvermögens ab. So sollen Sie in der Lage sein, durch das Training eines bestimmten Bereiches alle anderen Bereiche ebenfalls verbessern zu können – etwa wenn Sie sich mit einer Sprache beschäftigen und auf einmal ein neues Verständnis für räumliches Sehen haben. Bisher sind lediglich die positiven Auswirkungen der Nahtransfereffekte wissenschaftlich fundiert. Forscher gehen davon aus, dass Sie dennoch jeden einzelnen Bereich für sich trainieren und ausarbeiten müssen.

## METHODEN UND TECHNIKEN FÜR EIN BESSERES ALLGEMEINWISSEN

Diverse Forschungsinstitute beschäftigen sich regelmäßig mit Allgemeinbildung, dem Erinnerungsvermögen und dem generellen Bildungsstand der Bevölkerung. Dabei fanden sie heraus, dass sich gewisse Übungen und Trainings positiv auf das vorhandene Allgemeinwissen auswirken. Sie müssen sich jedoch keine Sorgen machen, dass Sie damit jeden zeitlichen Rahmen sprengen. Die meisten dieser Übungen benötigen lediglich wenige Minuten Ihrer wertvollen Zeit, erzielen aber eine enorme Wirkung, solange Sie sie regelmäßig wiederholen. Die meisten Übungen arbeiten mit autodidaktischen Methoden, also mit denjenigen, die Sie im Selbststudium zuhause oder auf Arbeit anwenden können. Seien Sie sich jederzeit darüber im Klaren, dass es keine Lösung ist, über keinerlei Allgemeinwissen zu verfügen – stellen Sie sich einmal vor, Sie befinden sich in einer Gemeinschaft, die über die aktuelle politische Lage diskutiert und haben selbst überhaupt keine Ahnung davon. Sie würden als ungebildet oder nichtwissend gelten und damit automatisch als weniger seriös. Wiederholen Sie die Übungen also regelmäßig und werden Sie zu einem gefragten und beliebten Mitglied der Gesellschaft.

Einige Grundlagen sind dennoch relevant, um darüber zu entscheiden, welche Art von Training für Sie effektiv ist und auf welcher Basis Sie jede Form der Übungen starten. Die nun folgenden Faktoren können Sie unabhängig von Lerntechniken trainieren und übernehmen, um Ihre Ausgangssituation von Anfang an so effektiv wie möglich zu gestalten.

Forscher gingen lange Zeit davon aus, dass der IQ, also der Intelligenzquotient, ausschließlich vererbbar ist. Sind Sie also mit sehr intellektuellen Eltern gesegnet, ist die Wahrscheinlichkeit höher, dass Sie ebenfalls einen hohen IQ haben. Das ist soweit korrekt, bildet aber nicht den einzigen wichtigen Faktor. Erziehung und Förderung in der Kindheit nehmen einen mindestens so großen Stellenwert ein wie die genetische Veranlagung. Eine Hauskatze ist ja schließlich im Grunde genommen auch ein Raubtier – wird ihr jedoch nicht beigebracht, wie man jagt, wird sie in der freien Natur nicht besonders lange überleben. Meine Mutter hat meine sprachliche Begabung gefördert, indem sie mich auf eine Schule mit diesem Schwerpunkt schickte. Auf keinem anderen Weg hätte ich ein solches Wissen in diesem Bereich entwickeln und vor allem überhaupt erst einmal Interesse herstellen können. Sollten Sie an Ihrem Intellekt zweifeln, hören Sie sich die Meinung der Menschen in Ihrem nächsten Umfeld an und konzentrieren Sie sich auf Ihre Stärken. Das dadurch gewonnene Selbstvertrauen wird Ihnen helfen, Ihre positiven Eigenschaften zu aktivieren und zu nutzen.

Sicherlich haben Sie auch schon einmal unter einer Denkblockade gelitten. Dieses Phänomen tritt meistens vor oder in Prüfungen auf oder wenn Sie eine Deadline haben, die Sie zwingend einhalten müssen. Urplötzlich und ohne Vorwarnung ist Ihr Gehirn wie leer gefegt. Alle Informationen, die Sie sich mühevoll angeeignet haben, sind verschwunden und Sie fragen sich, wie Sie die zu bewältigende Aufgabe nun überhaupt noch lösen sollen. Versagensängste treten ein und machen die ganze Situation sogar noch schlimmer als vorher. Glücklicherweise können Sie sich aus diesen Denkblockaden lösen. Stress ist der häufigste Faktor dafür, dass sie überhaupt erst entstehen – dementsprechend müssen Sie die gegebene Situation ändern. Sofern es möglich ist, machen Sie einen Spaziergang und denken Sie über etwas anderes nach – oder genießen Sie den Wind und die frische Luft. Der Sauerstoff gibt Ihrem Gehirn neue Energie. Sich weiter mit dem Problem oder der Aufgabe zu beschäftigen, wird Ihnen jedoch leider nicht helfen. Legen Sie das Buch weg, wenn Sie der Meinung sind, nichts mehr bei sich behalten zu können, klappen Sie den Laptop zu und machen Sie irgend etwas anderes – und wenn es der Haushalt ist. Jetzt gerade kommen Sie eh nicht weiter, also können Sie die Zeit auch sinnvoll nutzen. Unter Umständen hängt es auch mit der Uhrzeit zusammen – ich kann beispielsweise nur früh nach dem Aufstehen schreiben. Setze ich mich nachmittags oder abends an meine Texte, bin ich absolut unproduktiv.

Haben Sie nicht die Möglichkeit, die Situation zu verlassen, etwa weil Sie in einer Prüfung sitzen, versuchen Sie es mit der Reizwortanalyse. Lehnen Sie sich zurück und lassen Sie sich irgendein Wort einfallen, ganz egal welches. Analysieren Sie beispielsweise das Abendessen, das Sie geplant haben, mit allen vorhandenen Facetten. Denken Sie über den Einkauf nach, darüber wie Sie zuhause kochen oder ob Sie lieber Nudeln oder vielleicht doch Kartoffeln nehmen wollen. Nach einiger Zeit wird sich Ihre Blockade lösen und Sie können weiterarbeiten.

Optimisten lernen besser und schneller als die Menschen, die immer zu alles abwerten. Positives Denken wird auch später noch einige Male erwähnt, da es einen wirklich wichtigen Lernfaktor darstellt. Sich von den negativen Situationen im Leben nicht beeinflussen zu lassen, hat nicht nur gesundheitliche Auswirkungen, wie weniger Kopfschmerzen oder Müdigkeit, sondern sorgt dafür, dass Sie insgesamt gelassener und ausgeglichener durchs Leben gehen. Dadurch werden Ihre Sinne gestärkt – und Sie benötigen jeden einzelnen zum Lernen. Optimisten sehen keine Probleme, sondern im schlimmsten Fall Chancen oder Herausforderungen und starten somit mit einer ganz anderen Herangehensweise – immerhin müssen sie nicht lösen, sondern meistern. Um positives Denken zu erreichen, können Sie sich einiger kleiner Übungen bedienen.

Lachen gilt ja bekanntlich als die beste Medizin – das ist nicht nur ein dummer Spruch, sondern tatsächlich medizinisch fundiert. Auch wenn Ihnen einmal nicht danach zumute ist – ziehen Sie die Mundwinkel nach oben. Durch diesen Prozess werden Endorphine, also Glückshormone, ausgeschüttet, die Sie tatsächlich glücklicher machen. Gleichzeitig ist gute Laune ansteckend. Wenn Sie sich also etwas mit Freunden vorgenommen haben, von denen einer lauter jammert als der andere, empfehle ich Ihnen folgende Sache: Gehen Sie woanders hin. Es ist ein schöner Tag, die Sonne scheint und man könnte tatsächlich schon über kurze Hosen nachdenken. Holen Sie sich ein Eis und genießen Sie das Leben – immerhin haben Sie nur das eine.

Auch die Ernährung spielt eine wichtige Rolle in unserer Gefühlswelt. Fangen Sie an, sich Zeit zum Essen zu nehmen, anstatt schnell zwischen Tür und Angel ein paar Bissen hinunterzuschieben.

Außerdem können Sie an die Momente zurückdenken, in denen Sie negativ eingestellt waren und versuchen, sie zu analysieren. Was war der auslösende Faktor für die schlechte Laune und was könnten Sie beim nächsten Mal besser machen? Indem Sie sich damit beschäftigen, ergeben sich für Sie neue Aspekte, die Sie in der damaligen Situation nicht wahrnehmen konnten.

## AUFBAU DURCH TRAINING DES GEHIRNS

Das semantische Gedächtnis speichert all diejenigen Informationen, zu denen Sie keine emotionale Verbindung herstellen können. Darunter fällt der größte Teil unserer Allgemeinbildung. Daten ohne gefühlsbezogene Bindung sind für Menschen erheblich schwerer einzuprägen, da wir keine Möglichkeit haben, sie mit Erinnerungen zu verknüpfen. Auch wenn die

Kapazität keine Grenzen kennt, sortiert das Gehirn fortlaufend aus und trennt sich von allen Dingen, die es für weniger relevant erachtet. Das Arbeitsgedächtnis arbeitet als Vorläufer und filtert die Informationen, bevor sie überhaupt endgültig gespeichert werden. Möchten Sie also Ihr Allgemeinwissen verbessern, ist es vor allem hilfreich, Ihrem Arbeitsgedächtnis auf die Sprünge zu helfen. Entgegen der bisherigen Meinung lässt sich auch dieser Teil trainieren und fortlaufend ausbauen. Mit Hilfe erfolgreicher Übungen gelingt es Ihnen, die Informationen schneller und zuverlässiger zu filtern und eine größere Menge speichern zu können. Auch Ihr Gehirn ist im Endeffekt lediglich ein Muskel – je mehr und öfter Sie ihn nutzen, desto zuverlässiger kann er auch über einen längeren Zeitraum hinweg arbeiten. Umgekehrt bauen sich die neuronalen Netzwerke, sozusagen Ihre grauen Zellen, auch ab, wenn Sie sie über einen längeren Zeitraum hinweg nicht nutzen.

Ihr Gehirn ist ein Gewohnheitstier. Das bedeutet, dass alltägliche Aufgaben irgendwann nichts mehr mit Konzentration oder Ihrem Gedächtnis zu tun haben, sondern sie mehr oder weniger in Fleisch und Blut übergegangen sind und nicht mehr bewusst wahrgenommen werden. Ich bin mir sehr sicher, dass Sie Ihren Weg zur Arbeit nicht mehr bewusst wahrnehmen, einfach weil Sie ihn ja bereits auswendig können. Dennoch können Sie sogar hier schon mit dem Training beginnen. Wenn Sie an einer roten Ampel stehen, gehen Sie gedanklich den Weg zurück, den Sie bisher gefahren sind. Wie viele Kreuzungen haben Sie überquert? Anstatt sich wie gewohnt morgens die Zähne zu putzen, nutzen Sie einmal die andere Hand. Sämtliche Dinge, die Sie abseits Ihrer Routine erledigen, regen Ihre Gehirnzellen zur Aktivität an.

Viele Menschen nutzen Kreuzworträtsel, um ihr Gedächtnis zu verbessern. Unser Gehirn ist jedoch so strukturiert, dass es sich die Dinge nur dann einprägt, sobald es auch einen Nutzen davon verspürt. Sich die Zahl Pi bis zur 20. Stelle nach dem Komma einzuprägen, kann also lustig sein, sofern Sie sie jedoch nicht alltäglich anwenden, werden Sie sie bald wieder vergessen haben. Haben Sie jedoch beispielsweise vor, in den Urlaub zu fahren und lernen vorab die Sprache des Landes, das Sie zu bereisen gedenken, können Sie damit tatsächliche Erfolge erzielen. Das Gehirn arbeitet am aktivsten, wenn es entweder eine bedrohliche Situation erlebt oder mehrere Dinge gleichzeitig erledigen muss – um gezielt Ihr Allgemeinwissen zu verbessern, können Sie also auch morgens die Zeitung lesen, während Sie sich gleichzeitig für Ihren Alltag fertig machen. Selbstverständlich sollen Sie sich nicht unter permanenten Stress begeben, vergessen Sie jedoch nicht, dass Sie multifunktionell sind und meist nur einen Bruchteil Ihrer vorhandenen Kapazitäten nutzen.

Eine weitere Möglichkeit, um Ihr Gehirn zu trainieren, besteht in der Bewegung. Forscher haben ermittelt, dass durch die reine Nutzung Ihres restlichen Körpers bereits eine Art Konzentration und Aufmerksamkeit besteht, da Sie ein stabiles Raumgefühl beibehalten möchten. Unterhalten Sie sich beispielsweise, während Sie im Fitnessstudio auf dem Fahrrad sitzen – oder hören Sie statt der üblichen Musik ein Hörbuch. In Kombination mit der Bewegung werden mehr Hirnregionen aktiviert, als wenn Sie lediglich auf dem Sofa sitzen. Rein logisch betrachtet macht das auch Sinn, immerhin müssen Sie sich bewegen, Ihr Gleichgewicht halten und gleichzeitig kommunizieren oder gegebenenfalls zuhören.

Um gleichzeitig Ihr Gehirn zu trainieren und Ihr Allgemeinwissen aufzubauen, benötigen Sie ebenfalls keine stundenlangen Übungen. Das würde Ihnen allein schon deshalb nicht nützen, da Sie zwar eine unbegrenzte Speicher- jedoch eine sehr begrenzte Aufnahmekapazität haben. Sie können jedoch jeden Morgen die Zeitung lesen oder sich eine Fachzeitschrift Ihrer Wahl suchen – ich lese mir beispielsweise auf meinem Handy die Nachrichten durch, während ich morgens meinen Kaffee trinke. Solange Sie das Thema in irgendeiner Art und Weise interessiert, werden Sie so zum einen besser wach und können sich gleichzeitig fortbilden.

Nutzen Sie die Zeit, wenn Sie beim Arzt sitzen und warten – dort liegen immer Zeitungen rum, in denen Sie blättern können, bis Sie aufgerufen werden. Regelmäßiges und tägliches Lesen wirkt sich ungemein förderlich auf Allgemeinbildung und Ihren generellen sprachlichen Gebrauch aus. Dafür müssen Sie nicht jeden Tag stundenlang mit der Nase zwischen den Seiten hängen, bereits eine Viertelstunde Ihrer Zeit ist vollkommen ausreichend. Gern können Sie sich auch eine Art Leseliste zusammenstellen, diese zeitlich begrenzen und sozusagen mit einer Deadline versehen. Ihr Gehirn arbeitet unter Druck aktiver, selbstgesetzte Ziele werden also für ihren Zweck förderlich sein.

Mir ist jedoch klar, dass nicht alle Menschen gern lesen. Glücklicherweise bietet die moderne Technik zahlreiche Alternativen. Mein bester Freund lässt zum Einschlafen beispielsweise gern den Fernseher laufen und sieht sich zur nächtlichen Zeit ausschließlich Reportagen und Dokumentationen an. Eine seiner liebsten Serien ist "Autopsie", wo es ausschließlich um Todesfälle und deren Lösung geht. Ironischerweise hat er mittlerweile ein enormes Wissen in diesem Bereich, obwohl er jedes Mal einschläft. Das Fernsehen bietet Ihnen die Möglichkeit, sich komplexe Sachverhalte einfach und praktisch erklären zu lassen. Ich sehe übrigens beispielsweise Tiersendungen vor dem Einschlafen.

Als Kind habe ich mit meinen Großeltern immer "Wer wird Millionär" im Fernsehen geschaut. Ich weiß nicht, ob Sie die Sendung kennen – es ist eine Quizshow, bei der die Teilnehmer einen Geldpreis gewinnen. Die Summe des Geldes richtet sich nach den richtig beantworteten Fragen. Wir haben selbst auch mitgespielt und geraten, was die richtigen Antworten sein können. Die dort gestellten Fragen behandeln alle Themen des Allgemeinwissens aus verschiedenen Bereichen und werden immer komplexer, je mehr Geld im Spiel ist. Treten Sie dabei gegen Ihre Familie an, haben Sie gleichzeitig Spaß und können sich weiterbilden.

Um die aktuellen Geschehnisse der Welt verstehen zu können, benötigen Sie ein großzügiges Vokabular. Lernen und Verstehen stehen in unmittelbarem Zusammenhang. Das heißt, dass Sie beispielsweise zwar viel über den DAX lesen können – wissen Sie allerdings nicht, was es damit auf sich hat, werden Ihnen die Informationen nichts nützen und Sie können sie nicht in Ihr Langzeitgedächtnis übertragen und speichern. Um Ihren Wortschatz zu erweitern, können Sie statt Musik auch zukünftig Hörbücher hören. Suchen Sie sich ein Thema aus, das Sie interessiert oder ein Buch, das Sie ohnehin lesen wollten und hören Sie es sich an.

Jede Art von Kommunikation besteht aus einem theoretischen und einem praktischen Teil – also dem Part, in dem Sie sich Wissen mittels Bücher und Zeitschriften aneignen und die anschließende Interaktion mit Kollegen und Freunden. Ein reger Austausch mit Ihrem Umfeld hilft Ihnen dabei, neue Sichtweisen zu erlangen. Verbringen Sie also viel Zeit mit den Menschen um Sie herum und tauschen Sie sich aus. Da in einer solchen Diskussion immer Emotionen integriert sind, einfach weil Sie eine emotionale Bindung zu den Menschen pflegen, können Sie sich das Gesagte auch deutlich einfacher einprägen und so Ihren Wissensstand effektiv erweitern. Alternativ gibt es auch diverse Fachgruppen, beispielsweise Buchclubs, die einzig und allein dem Zweck dienen, sich mit bestimmten Themen intensiv zu beschäftigen und sich nachfolgend darüber auszutauschen. Diese Gruppen gibt es sowohl im persönlichen Kontakt als auch im Internet oder auf Social Media Seiten. Ihr Vorteil besteht darin, dass Sie im Internet variabel zwischen den verschiedenen Themen hin und her wechseln können, je nachdem worauf Sie gerade Lust haben.

Kennen Sie das auch, dass Ihnen im Laufe des Tages Fragen einfallen, auf die Sie nicht sofort eine Antwort wissen? Wenn Sie gerade Zeit finden, werden Sie die Antwort im Internet heraussuchen – haben Sie sie nicht, vergessen Sie die Frage genauso schnell, wie Sie sie im Kopf hatten. Wie ich ja bereits erwähnte, speichert Ihr Kurzzeitgedächtnis nur so lange Informationen, wie Sie sich auch damit beschäftigen. Sollten Ihnen zukünftig erneut solche Fragen in den Kopf schießen, schreiben Sie sie einfach auf und beantworten Sie sie, sobald Sie einige Minuten Zeit haben. Stellen Sie sich jeden Tag drei Fragen zu Bereichen des Allgemeinwissens, wie etwa, wer die Gesetze schreibt oder welches Meer das größte ist. Gerade weil diese Fragen nicht in Ihren alltäglichen Ablauf passen, werden Sie sich die Antwort merken können.

Für welche Möglichkeit Sie sich auch immer entscheiden, in jedem Fall ist eine Sache von essenzieller Bedeutung: Sie müssen dabei Spaß haben. Das Gefühl der Freude setzt Dopamin in Ihrem Körper frei – hierbei handelt es sich um einen Neurotransmitter, sprich einen Botenstoff, der die Daten in Ihrem Gehirn weiterleitet. Je mehr dieser Transmitter aktiviert wird, desto schneller werden die Impulse geleitet. Sind Sie emotional und gedanklich bei dem Thema, mit dem Sie sich gerade beschäftigen, werden Sie es sich dementsprechend viel besser einprägen können, als wenn Sie mehr oder weniger dazu gezwungen sind, sich dazu Wissen anzueignen.

### Training des Arbeitsgedächtnisses

Das Arbeitsgedächtnis unterstützt das Kurzzeitgedächtnis bei seinen Aufgaben. Mussten Sie sich schon einmal innerhalb kurzer Zeit eine Telefonnummer oder eine Zahlenkombination wie beispielsweise einen Pin merken? Meist wiederholen Sie ihn dafür gedanklich oder laut ausgesprochen. Jede Zahl ist dabei eine einzelne Information – Ihr Arbeitsgedächtnis kann diese Informationen miteinander kombinieren, damit Sie keinen Zahlendreher bekommen. Es hat jedoch den Nachteil, dass es sehr anfällig für Reize ist und sich leicht ablenken lässt. Angenommen Sie haben eine Aufgabe zu erledigen oder Ihnen ist etwas eingefallen und Sie begeben sich auf den Weg – und werden im Gang von einem Kollegen angesprochen.

Die Wahrscheinlichkeit, dass Sie, an Ihrem Ziel angelangt, nicht mehr wissen, warum Sie eigentlich losgelaufen sind, ist sehr hoch. Ohne das Arbeitsgedächtnis wäre es dem Rest Ihres Gehirns nicht möglich, vorhandene Informationen zu erweitern oder sie miteinander zu kombinieren. Die Kapazität des Arbeitsgedächtnisses wird mit Hilfe der sogenannten

Millerschen Zahl erklärt. Sie besagt, dass ein Mensch meist nicht mehr als sieben Informationen auf einmal im Kurzzeitspeicher ablegen kann – je nach Intelligenz können es auch zwei Infos mehr oder weniger sein.

Deshalb können Sie sich meist nur sieben Zahlen auf einmal merken und müssen sich beispielsweise die Vorwahl einer Telefonnummer mit einer Eselsbrücke einprägen. Stehen Sie unter Stress, belastet das Ihr Gedächtnis. Die hier ausgeschütteten Hormone wie Cortisol und Adrenalin unterdrücken Ihr Erinnerungsvermögen und Ihre Denkleistung, da Sie sich auf die Urinstinkte, sprich das Überleben, konzentrieren. Lässt der Stress nach, kehrt auch Ihre Erinnerung zurück.

Eine der am meisten gewählten Übungen, um Ihr Arbeitsgedächtnis fit zu halten, besteht im sogenannten Gehirnjogging. Das Internet bietet Ihnen eine Reihe von Homepages und Anwendungen, mit denen Sie sich täglich beschäftigen können. Hier geht es etwa um Aufgaben, bei denen Sie sich ein bis zwei Motive einprägen müssen. Anschließend bekommen Sie weitere Bilder gezeigt und müssen entscheiden, ob Unterschiede bestehen oder sich die Bilder gleichen. Alternativ können Sie auch zum bekannten Spiel Memory greifen. Wenn Sie Kinder haben, werden Sie gegen diese mit Sicherheit verlieren – das liegt daran, dass deren Gedächtnisleistung noch anders bestimmt wird als die eines Erwachsenen. Lassen Sie sich davon nicht frustrieren, sondern lernen Sie von der kindlichen Denkweise. Alternativ können Sie auch Zahlen- oder Buchstabenreihen weiterführen. Also angenommen Sie haben die Reihenfolge ABBAABAB-BAA – wie würde sie rein logisch ergänzt werden?

All diese Übungen helfen Ihrer Konzentration und Ihrem logischen Denken auf die Sprünge. Indem Sie Ihr Gedächtnis trainieren, trainieren Sie automatisch Ihre Intelligenz und schaffen die Grundlage, um Ihr Allgemeinwissen zu verbessern und zu speichern.

# FAKTEN ZUM GEDÄCHTNIS

Die meisten Gedächtnistrainings scheitern, weil die Personen, die es anwenden, mit der falschen Grundlage oder Halbwissen an solche Aufgaben herangehen. Grundsätzlich trainieren Sie Ihr Gehirn jeden Tag – immer in den Momenten, in denen Sie sich an bestimmte Dinge erinnern. Ich möchte Sie von einigen Irrglauben befreien und Ihnen einige interessante Fakten zu Ihrem Gedächtnis vermitteln, damit Sie bei den folgenden Übungen und Techniken nicht scheitern und aus Frustration heraus die Lust verlieren.

### Geheimtipp bei Wiederholung

Wie Sie ja nun schon mehrfach gelesen haben, hilft Ihnen die Wiederholung der gewonnenen Informationen dabei, sie in Ihr Langzeitgedächtnis zu übertragen. Dabei dürfen Sie allerdings nicht stundenlang stur immer wieder die gleichen Phrasen herunterbeten. Beschäftigen Sie sich zwischendurch auch einmal mit anderen Dingen – diese Zeit nutzt Ihr Gehirn für die Übertragung ins Langzeitgedächtnis. Nachdem Sie sich also mit der aktuellen wirtschaftlichen Situation beschäftigt haben, sollten Sie sich für die Arbeit fertigmachen, das Abendessen vorbereiten oder Ihren Kindern bei den Hausaufgaben helfen. Andernfalls bleiben die Daten in Ihrem Kurzzeitgedächtnis hängen und der Lerneffekt ist gleich Null. Sie können das gern damit vergleichen, wenn Sie Daten von Ihrem Computer auf eine externe Festplatte übertragen – auch das benötigt zum Teil einige Zeit.

### Aufgeschoben ist nicht aufgehoben

Ich hatte gestern einen Tag, an dem ich mich zu nichts motivieren konnte. Das Wetter war grau, ich war nicht so richtig ausgeschlafen und hatte keine Lust auf gar nichts. Ursprünglich wollte ich etwas schreiben und mal meine Wohnung aufräumen – schlussendlich bin ich mit einem guten Freund und seinem Hund laufen gegangen und habe ansonsten auf meinem Sofa gelegen. Egal was Sie an solchen Tagen vorhatten – versuchen Sie nicht auf Krampf, sich Wissen anzueignen oder die Aufgaben unbedingt erledigen zu wollen. Nutzen Sie die Zeit stattdessen lieber, um sich zu entspannen – so geben Sie Ihrem Unterbewusstsein die Zeit, im Hintergrund weiter zu agieren. Auf diese Art und Weise entstehen die sogenannten Gedankenblitze – während Sie augenscheinlich einer anderen Aktivität nachgehen, denken Teilbereiche Ihres Gehirn weiter über das zu lösende Problem nach. Im besten Fall finden Sie so Ihre Lösungen, obwohl Sie gar nicht aktiv danach gesucht haben. Verkrampft über eine Sache nachzudenken, klärt die Dinge nicht zwingend.

### Vertrauen Sie nicht all Ihren Erinnerungen

Gerade bei Informationen, die nicht rein neutraler Natur sind – wie etwa Zahlen oder emotionslose Fakten –, kann Ihnen die Kreativität Ihres Gehirns schon einmal einen Streich spielen. Ihr Hirn filtert automatisch zwischen wichtigen und unwichtigen Dingen. So können Sie sich beispielsweise bei neuen Personen die Gesichter, die Namen und Auffälligkeiten im Aussehen merken. Kleinere Details wie die Farbe der Kleidung, die die einzelnen Personen getragen haben, werden Sie tendenziell eher nicht speichern, einfach weil sie für die Erinnerung selbst nicht maßgeblich sind. Diese kleinen Informationslücken werden von Ihrem Gehirn aufgefüllt und können dadurch verfälscht werden. Das ist auch der Grund, warum sich Zeugenaussagen zum Teil unterscheiden. Die Menschen glauben, sich an etwas zu erinnern, während sie tatsächlich von ihrem eigenen Kopf ausgetrickst wurden. Sie sollten Ihrer Erinnerung also, gerade wenn emotionale Faktoren reinspielen, nicht bis in jedes Detail vertrauen. Prüfen Sie im Zweifelsfall nach, um sich zu hundert Prozent sicher sein zu können.

### Sie haben mehr als einen Speicherort für Informationen

Das menschliche Gehirn wird gern zur bildlichen Darstellung mit einem sehr leistungsfähigen Computer verglichen. Was die reine "Rechenleistung", also die Aufnahmefähigkeit, das Verarbeiten der Daten und die Kapazität angeht, ist diese Analogie auch korrekt. Der wesentliche Unterschied besteht jedoch im Speicher. Ein Computer verfügt über einen zentralen Speicherort, an dem sich alle vorhandenen Daten sammeln. Das Gehirn hingegen speichert Erinnerungen, Gerüche, sachliche Informationen, Sprachen oder Emotionen alle jeweils an verschiedenen Orten. Der Hippocampus, also der Arbeitsspeicher des Gehirns, ist dafür verantwortlich, die verschiedenen Erinnerungen und Informationen schlüssig zusammenzufügen. Sich zu erinnern und Daten aus dem Gedächtnis abzurufen, ist dementsprechend ähnlich anstrengend wie ein Sprint während eines Wettkampfes für einen Leistungssportler. Sie können Ihr Gehirn unterstützen, indem Sie es richtig trainieren und auf Ihre Ernährung achten. Komplexe Kohlenhydrate, wie sie in Vollkornbrot oder Gemüse vorkommen, fettreiche Fischsorten wie Lachs oder Thunfisch und Eiweiß zählen zum sogenannten Brainfood und unterstützen die Leistungsfähigen in Ihrem Oberstübchen.

**Gestalten Sie Ihre Erinnerungen kreativ**

Die Kreativität Ihres Gehirns ist nahezu unbegrenzt – jedenfalls solange Sie ihr den Spielraum geben, sich frei zu entfalten. Die bekanntesten Gedächtniskünstler nutzen Geschichten, um sich bestimmte Begriffe oder Informationen einzuprägen. Das bedeutet, dass Sie beispielsweise aus den verschiedenen Buchstaben eines Begriffes eine kleine Geschichte spinnen. Je abstrakter sie ist, desto besser kann sie vom Gehirn abgespeichert werden. Nehmen Sie also das Wort "Mnemonik", können Sie daraus Folgendes entwickeln: "**M**ein **N**effe **e**rntet **m**orgen **o**riginal **n**atürliche **i**talienische **K**artoffeln". So habe ich mir das Wort übrigens eingeprägt, um es nicht laufend falsch zu schreiben. Lassen Sie die Bilder zu, die dadurch in Ihrem Kopf entstehen. Nutzen Sie diese Fähigkeit und verpacken Sie Informationen in kleinen Geschichten oder bauen Sie aus rein sachlichen

Informationen kleine Bilder oder Filme, die Sie damit in Zusammenhang setzen.

**Ein wechselndes Umfeld schafft Erfolg**

Wenn Sie lernen, befinden Sie sich meistens an einer bestimmten, immer gleichen Position. Dabei kann es sich um eine Bücherei, Ihren Schreibtisch zuhause oder Ihren Arbeitsplatz handeln. Leben Sie jedoch in fortwährender Routine, schaltet Ihr Gehirn irgendwann ab – auch wenn Sie während dieser Zeit versuchen, sich neue Informationen anzueignen. Gleichzeitig konditionieren Sie Ihr Gehirn ansonsten dazu, jede Art von neuen Informationen mit diesem einen bestimmten Ort zu verknüpfen. Befinden Sie sich also an einer anderen Stelle, wenn Sie sie benötigen, werden Sie Probleme haben, sich zu erinnern. Versuchen Sie daher, sich regelmäßig neue Plätze zum Lernen zu suchen. Sie können an einen See fahren, vom Schreibtisch auf den Balkon wechseln oder sich auch einfach in ein Café begeben und dort Ihren Kaffee trinken.

**Vergessen hilft beim Erinnern**

Vergessen und Erinnern sind zwei Begriffe, die normalerweise gegenteilig definiert werden. Das Ehepaar Robert und Elizabeth Bjork fanden in ihren Studien zu Gedächtnisleistung und Gedächtnistraining jedoch heraus, dass das menschliche Gehirn Zeit benötigt – und hierbei eben auch einige Informationsbruchstücke vergisst – um die wesentlichen Fakten bei sich behalten zu können. Ähnlich wie bei den Tricks zur Wiederholung bringt es nichts, die gleichen Daten immerzu runterzubeten. Das Gehirn benötigt die Zeit, um die neu gewonnenen Fakten auch verarbeiten zu können, bevor es sie speichern kann. Das Ehepaar stellte während ihrer Forschungen die These auf, dass eine Erinnerung zu einem gewissen Teil vergessen werden muss, um sie wirksam ins Langzeitgedächtnis übertragen zu können.

## Emotionen verankern die Gedanken

Wenn Sie sich jetzt an Ihre Schulzeit zurückerinnern – wie viel von dem Unterrichtsstoff haben Sie noch im Gedächtnis? Würde jetzt jemand von mir verlangen, mich mit Integralrechnung zu beschäftigen, würde ich kläglich versagen. In der Schule konnte ich das mal gut – da ich mich aber seitdem nie wieder damit beschäftigt habe, sind die Techniken in Vergessenheit geraten. Woran ich mich hingegen noch gut erinnere, sind die emotionalen Zwischenspiele meiner ehemaligen Klassenkameraden und das Gefühl, endlich mein Abiturzeugnis in der Hand halten zu können.

Sicherlich wissen auch Sie nicht mehr so viel aus Ihrer Kindheit – abgesehen von bestimmten, besonders starken Emotionen, die Sie besonders geprägt haben. Diese Emotionen können sowohl positiv als auch negativ behaftet sein – dennoch prägen sie unser Verhalten und unsere Erinnerung mehr als jede Tatsache es jemals könnte und entscheiden darüber, wie wir uns im Zweifelsfall selbst benehmen und artikulieren. Sie werden Informationen also immer dann am besten speichern können, wenn Sie sie mit starken Emotionen verknüpfen können.

## Das Gedächtnis verändert sich

Diesen letzten Faktor sollten Sie miteinbeziehen, da er Einfluss auf die verschiedenen Lerntechniken hat: Die Gedächtnisleistung, die Aufnahmefähigkeit und auch das Ansprechverhalten für bestimmte Lernprozesse verändert sich im Laufe unseres Lebens. Falls Sie jetzt an Altersdemenz denken – das ist damit nicht gemeint, denn diese Veränderung hat vor allem anderen auch positive Aspekte. Kinder lernen beispielsweise am effektivsten über Bilder, da sie noch vorrangig mit der Gehirnhälfte denken, die für solche Dinge zuständig ist. Deshalb haben Sie als Erwachsener auch immense Probleme, ein Kind beim Spiel Memory zu schlagen. Sind Sie zwischen 18 und 20 Jahren alt, zeichnen Sie sich vor allem durch eine besonders hohe Denkgeschwindigkeit aus. Mit Mitte 40 sind die Menschen am besten beim Thema emotionale Intelligenz, also bei Emotionen und zwischenmenschlicher Interaktion, geschult. Selbst Senioren, also Personen ab dem Alter von 60 bis 70 Jahren, punkten beim Thema Gedächtnisleistung durch die sogenannte kristalline Intelligenz. Hierunter fallen vor allem Vokabeln und Begriffe aus dem Wortschatz, aber auch Allgemeinbildung oder Informationen aus der Schule.

## MNEMOTECHNIKEN

Der Mensch ist seit jeher von dem Gedanken fasziniert, nichts mehr vergessen zu können. Vor allem seitdem erforscht wurde, dass wir nur einen Bruchteil der tatsächlichen Kapazität unseres Gehirns nutzen, suchen Forscher permanent nach Möglichkeiten, um unser Erinnerungsvermögen zu erweitern.

Mnemotechniken, oder auch Mnemonik, beschreiben besondere Möglichkeiten, sich Dinge ins Gedächtnis einzuprägen. Sehr vereinfacht gesagt, prägen Sie sich die Dinge ins Gedächtnis ein, indem Sie neue Informationen, Daten oder Zahlen mit bereits bekannten Erinnerungen verknüpfen. Sie verdanken ihren Namen der griechischen Göttin Mnemosyne, die als Göttin der Erinnerung galt. Gleichzeitig war es ein Fluss in der Unterwelt, der im Gegensatz zur ebenfalls dort befindlichen Lethe nicht zum Vergessen, sondern zum Erinnern beitrug. Grob zusammengefasst entwickelt man bei diesen Techniken Eselsbrücken in Form von Merksätzen, Grafiken oder Reimen, um Informationen besser zu speichern und behalten zu können und beziehen sich auf die Kapazitäten des Langzeitgedächtnisses. In der komplexen Form sind Sie mit diesen Techniken in der Lage, ganze Bücher auswendig lernen zu können.

Obwohl diese Technik offiziell erst im Laufe des 19. Jahrhunderts als Alternativbegriff für das Wort "Gedächtniskunst" publik gemacht wurde, fand sie bereits in der Antike erste Anwendung. Als Erfinder der Technik gilt der griechische Dichter Simonides. Er lebte auf der Insel Keos und galt als einer der beliebtesten Künstler seines Landes. Eines Tages lud ein griechischer Adliger namens Skopas zu einem Festmahl ein und bat Simonides, ein lyrisches Gedicht zu seinen Ehren vorzutragen. Es enthielt jedoch auch einen lobenden Teil über die zwei griechischen Götter Kastor und Pollux. Skopas war darüber erzürnt und teilte Simonides mit, dass er nur die Hälfte des vereinbarten Geldes erhalten würde – den Rest könne er sich ja von den Götterbrüdern holen, die er so belobigt habe.

Simonides wurde kurz darauf vor die Tür gebeten, da zwei junge Männer mit ihm sprechen wollten. Er verließ den Saal, um hinauszugehen, fand aber dort angekommen niemanden vor. So wie er den Raum verlassen hatte, stürzte das Dach von Skopas Haus ein und begrub alle Menschen unter sich. Sie waren durch den Schutt so entstellt, dass sie niemand mehr identifizieren konnte. Lediglich Simonides, der, so glaubte er, durch die Götter gerettet wurde, war noch am Leben. Es gelang ihm, sich an die Sitzordnung der einzelnen Personen zu erinnern und konnte so sagen, um wen es sich jeweils handelte. Durch dieses Ereignis fiel ihm auf, dass Ordnung eine notwendige Voraussetzung für eine gute Gedächtnisleistung ist. Das war die Erfindung der ersten Gedanken zur Mnemomik.

Über die Jahrhunderte wurde die Technik von verschiedenen Intellektuellen, Wissenschaftlern und Autoren immer weiter ausgebaut. Die Grundlagen der Mnemotechniken bildet die heutige Loci-Methode. Darüber hinaus haben sich jedoch noch weitere Möglichkeiten zur Verbesserung des Erinnerungsvermögens ergeben, die ich Ihnen im Folgenden vorstellen werde. Gern können Sie die einzelnen Techniken probieren, unter Umständen gelingt es Ihnen, die eine oder andere in Ihren Alltag zu integrieren.

### Grundlagen aller Mnemotechniken

Alle Techniken, die Ihnen die Mnemomik bietet, haben den gleichen Kern als Grundlage: Die Assoziation. Es wird davon ausgegangen, dass Sie mittels mehr oder weniger abstrakter Querverbindungen in der Lage sind, sich die Dinge zuverlässiger einprägen zu können. Indem Sie also beispielsweise eine Zahl mit einem Bild verknüpfen, können Sie sie leichter im Gedächtnis behalten. Unser Gehirn ist so gestrickt, dass es Informationen mit Inhalten besser speichern kann. Grundlegend gibt es jedoch keine universelle Methode, die es Ihnen ermöglicht, mit bestimmten Bildern bestimmte Informationen zu verbinden. Jedes Gehirn ist anders aufgebaut, was eine allgemein gültige Technik unmöglich macht. Im Endeffekt verhält es sich wie bei einem Sportler. Nur weil ein Leichtathlet in seinem Sport als Profi gilt, bedeutet das nicht, dass man ihn beim Fußball als Stürmer einsetzen kann. Er verfügt grundlegend über eine verbesserte Kondition im Vergleich zu Menschen, die keinen Sport treiben, die Feinheiten und Techniken muss er dennoch jedes Mal von Neuem erlernen.

Die Mnemotechniken sollen Ihnen das Lernen erleichtern. Wissen ist ein Bereich, der im Laufe des Lebens stetig erweitert wird – immerhin lernen Sie nahezu täglich neue Dinge hinzu. Kritiker meinen oft, dass man die gewünschten Informationen auch einfach nachschlagen könne, da das Erlernen der einzelnen Techniken mit einem recht hohen zeitlichen Aufwand verbunden ist. Hier mangelt es jedoch an Effizienz und Zuverlässigkeit, da Sie die Informationen nicht prüfen und sie vor allem nicht speichern können, da Ihnen die Querverbindungen im Gehirn fehlen. Beherrschen Sie die Techniken einmal, können Sie über Ihr ganzes Leben hinweg viel zuverlässiger an Informationen gelangen – auf eine Lebensdauer gerechnet sparen Sie also eine enorme Menge Zeit ein.

## Mnemotechnische Mentalfaktoren

Jedes Gedächtnis funktioniert nach gewissen Prinzipien, wovon einige für das Erlernen der Mnemotechniken wichtig sind. Wissenschaftler haben diesen Prinzipien den Namen "Mnemotechnische Mentalfaktoren" gegeben. Insgesamt beinhaltet dieser Bereich sieben verschiedene Faktoren, die alle Auswirkung auf Ihr Erinnerungsvermögen haben. Im Englischen gibt es für die Mentalfaktoren ein sogenanntes Akrostichon, ein stilistisches Mittel, das Sie eventuell noch aus dem Deutschunterricht kennen.

Hierbei bilden die Anfangsbuchstaben aufeinanderfolgender Wörter wiederum ein einzelnes Wort. Es ist also eine Art Merksatz oder Eselsbrücke: "All factors lead to very efficient learning", also zu Deutsch "Alle Faktoren für ein effizientes Lernen".

Abgesehen von den Mnemotechniken benötigen Sie vor allem zwei wichtige Eigenschaften, um Ihr Allgemeinwissen erfolgreich zu erweitern und um die Techniken auf Lernprozesse aller Art anwenden zu können. Einer der wichtigsten Faktoren liegt in der Wiederholung – wie ich Ihnen bereits erklärt habe, übertragen Sie dadurch Informationen von Ihrem Kurzzeitgedächtnis in Ihr Langzeitgedächtnis. Langfristiges Erinnern ist nicht möglich, wenn Sie die Dinge nur einmal hören, lesen oder sehen. Obwohl Mnemotechniken darauf abzielen, erheblich weniger Informationen zu vergessen, werden Sie ganz ohne wiederholtes Studieren Ihres Materials nicht auskommen – Sie müssen es aber vermutlich nur noch halb so oft lesen. Gleichzeitig spielt die Konzentration eine erhebliche Rolle. Sind Sie aufmerksam, können Sie sich Informationen besser einprägen, als wenn Sie sich nebenbei mit zehn anderen Dingen beschäftigen. Der Vorläufer Ihres für die Erinnerung zuständigen Gedächtnisses, also das Arbeitsgedächtnis, lässt sich nun einmal sehr leicht ablenken. Indem Sie also nicht mit voller Konzentration arbeiten, werden Sie am Ende bei allen Punkten mit Halbwissen enden. Lesen Sie also auch die folgenden Punkte nur dann, wenn Sie sich sicher sind, nicht abgelenkt werden zu können.

*Fantasie*

Sie erinnern sich doch sicherlich noch an Ihre Schulzeit – und daran, wie sehr Sie der trockene und theoretische Unterrichtsstoff gelangweilt hat. Ich habe während der sich endlos ziehenden Unterrichtsstunden gern verschiedene Muster an die Ränder meiner Blätter gemalt, um nicht Gefahr zu laufen einzuschlafen. Während meiner Ausbildung hatte ich ein Fach, das sich ausschließlich mit Lagerhaltung beschäftigte. Ich habe im kaufmännischen Bereich gelernt, hatte allerdings in meinem Betrieb lediglich ein Zentrallager, welches vollständig automatisch geregelt wurde. Dementsprechend hatten die im Unterricht vermittelten Inhalte keine Relevanz für mich. Gleichzeitig war die Lehrerin etwa genauso langweilig wie ihr Fach – sie redete die ganze Zeit mit einer unendlich monotonen Stimme und machte es mir unwahrscheinlich schwer, ihr aktiv zuzuhören. Nach einigen Monaten wurde sie krank und wir bekamen eine Vertretungslehrerin. Sie gestaltete den Unterricht bedeutend kreativer und band unsere Vorstellungskraft und Fantasie mit ein. Die gesamte Klasse war von einem auf den anderen Tag aufmerksamer und nahm begeistert am Unterricht teil.

Wenn Lerninhalte nur auf das Wesentliche reduziert werden, fällt es unserem Gehirn umso schwerer, sie bei sich zu behalten. Die Fantasie spielt eine wichtige Rolle beim Lernen, da wir den Spielraum benötigen, um unsere Kreativität auszuleben. Sie ermöglicht es uns, zu gewissen Informationen Bilder zu erstellen. Im Falle der Lagerhaltung haben wir mit Comicfiguren und vielen Kartons gearbeitet, um das trockene Thema ein wenig anschaulicher zu gestalten. Auch wenn häufig behauptet wird, dass die Fantasie beim Lernen ablenkt, hat sie eigentlich eine gegenteilige Wirkung.

*Visualisierung*

Jeder Mensch ist in der Lage, sich vor seinem geistigen Auge Dinge vorzustellen. Das sogenannte "Kopfkino" ermöglicht es uns, Informationen greifbar und anschaulich zu gestalten. In extremen Formen kann es auch nachteilig belastet sein, da wir durch diese Visualisierung gern Szenarien ausmalen, die so noch nicht geschehen sind und vermutlich auch nie geschehen werden. Es führt dann zur Schwarzmalerei und kann aus einem Optimisten schnell einen Pessimisten machen. Im Falle des Lernens hilft Visualisierung jedoch mehr als alles andere, um die Mnemotechniken zu erlernen. Angenommen Sie müssen den Inhalt eines Buches wiedergeben – stellen Sie sich während des Lesens vor, wie der Protagonist über die

Wiese wandert und dabei die Sonne auf seiner Haut spürt. Lassen Sie den inneren Film laufen und Sie werden die Informationen bei sich behalten können. Die visuelle Speicherkapazität unseres Gehirns ist um ein Vielfaches höher als der Bereich, der sich mit reinen Zahlen und nicht greifbaren Fakten beschäftigt. Um diese Vorstellungskraft zu aktivieren, benötigen Sie jedoch alle vorhandenen Sinne. Neben Bildern sind also auch Geräusche und Gerüche von hoher Wichtigkeit. Ein bewegtes Bild, also ein Film, lässt sich von Ihrem Gehirn erheblich besser speichern als eine Fotografie von einem einzelnen Moment. Selbst Psychologen nutzen Visualisierung, um vergrabene Erinnerungen aus dem Gedächtnis ihrer Patienten hervorzuholen.

*Logik*

Mnemomik wird immer dann eingesetzt, wenn sich die erlernten Informationen nicht logisch herleiten lassen – sei es, weil Ihnen schlicht und ergreifend Fakten fehlen und Sie sozusagen Wissenslücken haben oder weil einfach keine Logik dahintersteht, wie etwa bei einem Haiku. Falls Ihnen der Begriff nichts sagt, es handelt sich um eine japanische Gedichtform. Sie besteht aus 3 Zeilen und insgesamt 17 Silben – allerdings ohne Reime und, wenn Sie einmal eines lesen möchten, scheinbar auch ohne Zusammenhang, jedenfalls für mich. In solchen Momenten kommen Mnemotechniken zum Einsatz, um Verbindungen erstellen zu können. Gleichzeitig hilft Ihnen Logik dabei, die einzelnen Techniken zu strukturieren und eine Art Ablauf daraus ziehen zu können. Sie ist außerdem in der Lage, Daten einen Sinn zu verleihen – beispielsweise muss ich gewisse Preislisten auswendig können, um meine Arbeit sinnvoll zu erledigen. Diese Preise sind für mich fernab von Emotionen oder Vorstellungskraft, aber dennoch notwendig.

*Emotionen*

Denken Sie einmal an Ihr bisheriges Leben zurück – an welche Momente erinnern Sie sich zuerst? Ich bin mir sicher, dass es sich um hoch emotionale Situationen handelt, wie beispielsweise die größten Krisen oder auch die Momente des größten Glücks. Egal wie sachlich ein Mensch glaubt zu sein – wir sind alle von Emotionen gesteuert und handeln im Zweifelsfall immer danach. Jeder Supermarkt hat dieses Prinzip verstanden und positioniert seine Waren so, dass Sie durch Emotionen und spontane Eingebungen dazu angehalten werden, Dinge zu kaufen, die Sie eigentlich nicht benötigen. Wenn Sie neue Dinge erlernen möchten, können Sie sich diese Eigenschaft zunutze machen, indem Sie die Informationen mit Emotionen verbinden. Bei jedem Menschen funktionieren verschiedene Gefühle unterschiedlich gut – von Trauer über Erregung bis hin zu Freude sind Ihnen also keine Grenzen gesetzt. Diese emotionalen Anker können Sie durch Visualisierung und mentale Bilder setzen.

*Transformation*

Jede Art von Information, die Sie aufnehmen, muss von Ihrem Gehirn entschlüsselt und übersetzt werden. Es knüpft also beispielsweise Verbindungen zwischen einem Geräusch, das Sie bereits kennen, mit dem, was Sie in genau dieser Sekunde hören, und kann es dadurch zuordnen. Transformation bedeutet in diesem Fall etwas Ähnliches – Sie sollen die Inhalte, die Sie erlernen, in eine vereinfachte Form übersetzen. Die Idee baut auf dem Grundgedanken auf, dass Ihr Arbeitsgedächtnis im Durchschnitt nur sieben Informationen zur gleichen Zeit speichern kann – und das auch nur so lange, wie Sie sich mit dem jeweiligen Thema beschäftigen. Werden Sie abgelenkt, wird der Zwischenspeicher geleert und es ist alles weg. Mit den Techniken, die ich Ihnen weiter oben erklärt habe, können Sie die Aufnahmefähigkeit dieses Teils Ihres Gedächtnisses erweitern und somit mehr Informationen in besserer Qualität aufnehmen. Auch hier bieten sich Bilder als effektivstes Mittel Ihrer Wahl an. Gleichzeitig erlaubt Ihnen die Transformation, Erinnerungen so weit umzuwandeln, dass Sie sie durch Geschichten und Assoziationen auf die Gegenwart übertragen können.

*Lokalisation*

In der Mythologie zum Ursprung der Mnemotechniken konnte der griechische Dichter Simonides die Leichen nur identifizieren, da er sich deren Sitzordnung am Tisch eingeprägt hatte. Lokalisation beschreibt eine Technik, mit der Sie sich Wissen geordnet und ohne Lücken einprägen. Diese Technik findet vor allem bei der Loci-Methode, also der Ursprungsform der Mnemomik, Anwendung. Mittlerweile gibt es diverse Erweiterungen, dennoch wird sie als Hauptmethode aller Techniken betrachtet. Daher bildet die Lokalisation, also das strukturierte und sortierte Denken und Erinnern, auch einen tragenden Faktor bei den zu betrachtenden Mentalfaktoren.

*Assoziation*

Intelligenz bezeichnet nicht nur die Fähigkeit, große Mengen an Wissen zu besitzen, sondern auch die Tatsache, dass Sie Querverbindungen – sogenannte Assoziationen – zwischen den verschiedenen Informationen herstellen können. Diese Verbindungen helfen Ihnen dabei, die verschiedenen Wissensbereiche gegenzuprüfen. Angenommen Sie beschäftigen sich beruflich viel mit Datenerfassung und bekommen eine neue Technik zugetragen. Ihr Gehirn wird damit beginnen, dieses neue Wissen mit dem bereits vorhandenen zu koppeln, um es verstehen zu können. Erfolgt kein Verständnis, kann es durchaus sein, dass die Informationen fehlerhaft sind.

Assoziationen können entweder spontan entstehen, sozusagen als Einfall, oder bewusst entwickelt werden. Das schönste Beispiel erkennen Sie im Erlernen von Fremdsprachen. Sie beschäftigen sich zuerst mit der Grammatik, den Zeitformen und einfachen Begriffen wie Begrüßung oder der Frage nach dem Wetter. Je länger Sie lernen, desto mehr Wissen bauen Sie darauf auf und erweitern dadurch Ihren Kenntnisstand. Ohne diese Fähigkeit wäre es uns nicht möglich, Sprachen oder auch Sportarten zu erlernen, da Ihr Gehirn jedes neue Wort oder auch jede Bewegung als einzelne Information betrachtet und sie nicht dem großen Ganzen hinzufügen würde.

**"Farbenpracht"**

Bei diesem Wort handelt es sich ebenfalls um ein Akrostichon, also einen Merksatz. Es beschreibt die sogenannten allgemeinen Gedächtnisprinzipien in kurzen Begriffen und stellt eine Erweiterung zu den basierenden mnemotechnischen Mentalfaktoren dar. Sie sind zwar weniger sortiert, lassen sich aber durch die Verbindung mit dem stilistischen Mittel deutlich leichter einprägen. Gleichzeitig sind die Begriffe als solche detaillierter, da es sich nicht nur um sieben Unterpunkte handelt.

**F**antasie: Diesen Bereich kennen Sie bereits aus den Mentalfaktoren, dementsprechend muss ich ihn nicht weiter erläutern. Kreativität hilft Ihnen, sich die Dinge einzuprägen.

**A**lle Sinne einsetzen: Die Stichwörter sind gleichbedeutend mit dem Bereich der Visualisierung. Sie lernen nicht nur mit den Augen, indem Sie lesen, sondern sollten auch alle anderen Sinne mit integrieren.

**R**eihenfolge und Ordnung: Entspricht dem Bereich der Lokalisation und dementsprechend der Loci-Methode. Diese werde ich Ihnen weiter unten genauer erläutern.

**B**ewegung: Gehört ebenfalls zur Visualisierung – neben den Sinnen können Sie auch Bewegung in Ihre Lernprozesse integrieren. Es ist erwiesen, dass Sie sich mehr Dinge einprägen können, die Sie beispielsweise beim Joggen mit Ihrem Partner erläutert haben, als wenn Sie unbeweglich auf dem Sofa gesessen haben. Bewegung aktiviert Ihre grauen Zellen – daher sollen Sie auch beim Lernen regelmäßig Dehn- und Streckübungen integrieren.

**E**rotik: Dieser Bereich ist ein Teil des Mentalfaktors Emotion. Verbinden Sie Gefühle mit Erinnerungen, sind diese leichter für Sie abrufbar.

**N**ummerierung: Ein Teilbereich der Lokalisation. Neben Sitzordnungen oder einer gedanklichen Zuweisung an eine bestimmte Stelle können Sie Erinnerungen auch nummerieren, um sie so leichter abzurufen.

**P**ositive Vorstellungen: Optimismus ist eine Emotion – mit dem Zweck, negative Gedanken zu verdrängen. Glauben Sie an sich selbst und Ihre Fähigkeiten, ist das schon der halbe Weg zum Erfolg.

**R**eichtum an Farben: Sie können sich Ihre Erinnerungen auch in den buntesten Farben vorstellen. Einer meiner liebsten Orte der Welt ist an einem See und einer meiner ersten Gedanken ist das strahlende Blau des Wassers und das satte Grün der Wiese um den See herum. Diese Farben halten meine Erinnerung lebendig und öffnen mir die Möglichkeit, mich an viele weitere Details zu erinnern.

**A**ssoziation: Hierbei handelt es sich um einen bereits bekannten Begriff der mnemotechnischen Mentalfaktoren.

**C**odes: Dieser Bereich beinhaltet sowohl Eigenschaften von Lokalisation als auch von Logik. Mittels Eselsbrücken, Merksätzen und der Verbindung durch Ihre eigenen Erinnerungen nutzen Sie Möglichkeiten der Mnemotechnik und verschlüsseln Ihre Informationen sozusagen.

**H**umor: Humor gehört ebenfalls in den Teilbereich der Emotionen. Wenn Sie sich an die Abende zurückerinnern, an denen Sie gemeinsam mit Ihren Freunden beisammensaßen und gegrillt oder etwas getrunken haben, werden Ihnen vermutlich nicht mehr alle Gespräche einfallen – aber sicher noch, wie sehr und oft Sie gelacht haben.

Tiefere Eindrücke: Hierbei handelt es sich um einen Unterpunkt, der in den zusätzlichen Faktor der Aufmerksamkeit einzuordnen ist. Es geht darum, Informationen bewusst und konzentriert wahrzunehmen, um sie so effektiv speichern und bei Bedarf abrufen zu können.

**Aufbereitung von Erinnerungsinhalten**

Selbstverständlich müssen Sie zuerst wissen, welche Arten von Informationen Sie als Erinnerung nutzen können, bevor Sie mit den Techniken beginnen. Die meisten Daten lassen sich kategorisieren – allein diese Zuordnung kann schon hilfreich sein, um viele gedankliche Probleme zu beseitigen.

Ich hatte beispielsweise nie ein Problem damit, mir Gesichter einzuprägen – Namen hingegen waren für mich sehr schwierig. In meiner Berufsschulklasse habe ich etwa zwei Monate gebraucht, um die Namen zu kennen und sie mir auch merken zu können. Es gibt jedoch hierfür eine Technik, die sich "Trick des Diplomaten" nennt. Sie können ihn immer dann anwenden, wenn Sie sich viele Namen auf einmal merken müssen. Anstatt die große Masse zu betrachten, gesellen Sie sich immer zu kleinen Gruppen hinzu, bis Sie sich die jeweils einzelnen Namen eingeprägt haben. Gern können Sie diese auch mit bestimmten Merkmalen verbinden, wie Auffälligkeiten des Gesichts oder der Kleidung. Sie folgen dabei dem Grundsatz, dass es hilfreich ist, in Etappen zu lernen, anstatt das gesamte Thema zur gleichen Zeit zu betrachten.

Wenn Sie eine Fremdsprache oder auch neue Vokabeln Ihrer vorhandenen Sprache erlernen möchten, können Sie sich der Schlüsselwort- oder auch Keywordmethode bedienen. Ein Schlüsselwort haben Sie immer dann, wenn es ähnlich klingt wie die Vokabel, die Sie eigentlich lernen möchten. Indem Sie das Keyword und die Bedeutung der Vokabel verbinden, wird im Geist ein Bild erstellt. Gleichzeitig können Sie auch

Wortfamilien bilden, indem Sie einem Oberbegriff die dazugehörigen Vokabeln zuordnen – also beispielsweise zum Thema Essen die Worte Salz, Pfeffer, Tomaten, Abendessen und so weiter. Lassen Sie hierbei Ihrer Fantasie freien Lauf und Ihren Kopf Bilder zu den einzelnen Begriffen erstellen. Während ich in der Schule war, haben wir die Begriffe teilweise tatsächlich gemalt, anstatt sie aufzuschreiben – mit Erfolg, sie ließen sich viel besser einprägen, da wir unsere Kreativität nutzen durften.

Zahlen sind meist sehr schwer einzuprägen, da sie keine emotionale Bedeutung haben. Telefonnummern und andere Zahlenkombinationen können für Sie zu einer echten Herausforderung werden – wie lange benötigen Sie im Schnitt, um sich Ihre neue Handynummer oder den Pin Ihrer EC-Karte einzuprägen? Nutzen Sie die Assoziation und ersetzen Sie die Zahlen durch Buchstaben oder Symbole, zu denen Sie eine gewisse Bindung haben.

*Mittel zur Aufbereitung nach Ulrich Voigt*

Ulrich Voigt ist einer der bekanntesten Mnemotechniker innerhalb Deutschlands. Er assoziiert die Zahlen 0 - 99 beispielsweise mit Kleidungsstücken, um sie so leichter einprägen zu können. In seinen Werken geht es aber eher sekundär um die Techniken als solche, sondern vielmehr darum, wie man die verschiedenen Erinnerungsinhalte aufbereitet. Jede Information, die Sie sich aneignen, hat einen gewissen Erinnerungswert und ist mit den Mitteln der Mnemotechnik einprägbar. Ulrich Voigt geht davon aus, dass es mehr Möglichkeiten als bloße Bilder gibt, um diese Techniken anzuwenden.

Voigt geht davon aus, dass Gefühle und Emotionen nicht dazu geeignet sind, um neue Informationen aufzunehmen. Gleichzeitig hebt er jedoch hervor, dass die emotionale Bindung zu gewissen Daten signifikant ist, um das erworbene Wissen zu behalten und zu speichern und sie daher beispielsweise für Eselsbrücken genutzt werden sollen.

Gleichzeitig rät er davon ab, Symbole zur Assoziation zu verwenden, da sie meist zu komplex sind. Stattdessen empfiehlt er Buchstaben und Wörter, um beispielsweise Zahlen zu ersetzen und sie so ins Gedächtnis übertragen zu können. Wörter werden auch häufig als Ersatz für Bilder genutzt – beispielsweise immer dann, wenn Sie nicht in der Lage sind, passende Bilder zu den Informationen zu finden. Sie können sich natürlich auch dem Neologismus bedienen und neue Wörter erfinden. Durch die eingesetzte Kreativität können Sie sich diese sogar besser einprägen als Ihren vorhandenen Wortschatz. Das sogenannte Major-System beschreibt den Austausch von Ziffern zu Wörtern und umgekehrt.

Viele Menschen nutzen bestimmte Schemata, wie beispielsweise Karikaturen oder Mind Maps, um sich Wissen einzuprägen. Voigt betitelt hier vor allem das Merken von Gesichtern, die mittels solcher Skizzen memoriert werden können.

Bilder in ihrer Ursprungsform wurden über eine lange Zeit für Eselsbrücken genutzt. Bis heute gelten sie als bekanntestes und beliebtestes Mittel, um Erinnerungsinhalte aufzubereiten. In der Schule war eines der größten Themengebiete des Kunstunterrichts die Bildinterpretation von verschiedenen Malern der Epochen. Ich erinnere mich noch am ehesten an das Bild "Der Schrei" des norwegischen Künstlers Edvard Munch. In diesem Bild wird eine eigene Erinnerung des Malers verarbeitet, der während eines abendlichen Spaziergangs eine Panikattacke bekam und deshalb laut schrie, während er eigentlich glaubte, einen Schrei aus der Natur zu vernehmen. Grundsätzlich handelt es sich bei solchen Beschreibungen um die Verknüpfung mehrerer Bilder auf verschiedenen Ebenen, beispielsweise Hintergrund und Vordergrund. Die Vielfältigkeit der Details macht das Gesamtwerk jedoch umso einprägsamer. Deshalb empfehlen Mnemomiker, sich belebte oder bewegte Bilder vorzustellen – also beispielsweise wie jemand tatsächlich schreit. Führen Sie dieses Denken weiter, erleben Sie einen Film vor Ihrem inneren Auge. Die meisten Autoren von Romanen arbeiten auf diese Art und Weise. Sie kreieren eine Situation und spinnen sie im Kopf weiter, wie eine Art Kinofilm.

Die Loci-Methode baut auf Lokalisation auf. Dementsprechend können Sie Ihre Erinnerungen aufbereiten, indem Sie ihnen topologisch verortete Plätze oder auch, sinnbildlich gesprochen, Fächer in Ihrem Kopf zuweisen. Diese verschiedenen Ablagemöglichkeiten können Sie miteinander verbinden und so die Verknüpfungen herstellen.

Aus den einzelnen Mitteln und Techniken können Sie anschließend Geschichten spinnen. Die Technik hierfür nennt sich auch Kettenmethode oder laut Voigt Fadenmethode. Wichtig ist, dass die Geschichte nicht zwingend einen Sinn ergeben muss. Sie können die einzelnen Informationsfetzen jedoch mit Bildern versehen und sie in eine Reihenfolge bringen.

All diese Mittel können auch gemeinsam genutzt werden, da sie nicht in Konkurrenz zueinander stehen und von den vorhandenen tatsächlichen Mnemotechniken erweitert werden.

**Die Loci-Methode**

Die Loci-Methode gilt als Ursprungsform der Mnemotechniken und älteste Methode, um sich neues Wissen einzuprägen. Der Name stammt vom lateinischen Wort "locus", was zu Deutsch übersetzt Ort oder Platz heißt. Während der Antike und auch noch im Mittelalter wurden Wissensinhalte quasi ausschließlich über diese Technik im Gedächtnis verankert. Vereinfacht gesagt geht es darum, in die durcheinander gewürfelte Reihenfolge Ihrer Erinnerungen durch logistische Zuordnung ein System zu bringen. Wenn Sie sich auf normalem Wege erinnern, was Sie beispielsweise vorgestern alles erlebt haben, erleben Sie Gedankensprünge und dadurch ein Durcheinander in Ihrem Kopf. Die Loci-Methode hilft Ihnen, dieses Durcheinander zu decodieren und damit zu sortieren. Sie reservieren sozusagen für jeden Begriff einen eigenen und festen Platz, den Sie mit Hilfe Ihrer Erinnerungen mit Inhalten füllen können. Die Begriffe müssen sich dabei in einer festgelegten Struktur befinden, die Ihnen im besten Fall bekannt ist – etwa ein Weg, den Sie regelmäßig gehen oder ein Raum. Der Raum kann entweder tatsächlich vorhanden sein oder Sie kreieren einen mit Hilfe Ihrer eigenen Kreativität – hierbei müssen Sie allerdings darauf achten, so detailgetreu wie möglich zu arbeiten. Alternativ können Sie auch Ihren eigenen Körper nehmen, etwa wenn Sie sich daran erinnern müssen, was Sie heute alles einpacken wollten.

Haben Sie diese Aufgabe erledigt, prägen Sie sich eine feste Route ein, überlegen Sie sich feste Plätze, an denen Sie Ihre Erinnerung ablegen möchten. Wofür Sie sich auch immer entscheiden, diese Route oder die Plätze dürfen sich niemals ändern. Im Falle eines Weges können Sie also zuerst zur Haustür raus, anschließend zum Auto, zur Tankstelle an der Ecke und auf Ihren Parkplatz. Ihre Erinnerungen können Sie nun in Form von lebendigen Bildern ablegen – dementsprechend ist es hilfreich, wenn Sie aufeinanderfolgende Aktionen miteinander verknüpfen und sie zu einer Information zusammenfassen. Auf diese Art und Weise können Sie sich Sachinformationen, Erinnerungen, aber auch Zahlenkombinationen einprägen. Es gilt wie immer – je kreativer die Geschichte ist, die Sie dabei spinnen, desto besser können Sie sie sich einprägen. Sie können diesen Weg oder Raum selbstverständlich jederzeit leeren, um ihn mit neuen Erinnerungsbildern zu füllen.

Ein Beispiel: Sie haben eine neue Kontokarte mit der Zahlenkombination 4-8-1-2. Als ich damals meine neue Karte erhalten habe, habe ich ewig gebraucht, um mir die Reihenfolge merken zu können. Ich weiß schon gar nicht mehr, wie oft ich am Automaten stand und beinahe mein Konto gesperrt hätte, weil ich entweder die alte Pin oder die falsche Reihenfolge eingegeben hatte. Mit der Loci-Methode können Sie sich diese Kombination beispielsweise wie folgt einprägen:

Auf dem Weg zur Arbeit habe ich meine Haustür vier Mal abgeschlossen – ich wollte ganz auf Nummer sicher gehen. Leider habe ich andauernd Dinge vergessen und musste deshalb acht Mal umdrehen und wieder die Treppen hoch, bis ich alles beisammenhatte. Glücklicherweise ist mein Auto beim ersten Mal angesprungen. An der Tankstelle habe ich heute sogar zwei Kaffee geholt, da mich mein Arbeitskollege gebeten hatte, ihm einen mitzubringen.

So oder ähnlich können Sie Ihre Geschichten spinnen. Um Ihnen die verschiedenen Möglichkeiten aufzuzeigen, hier noch ein Beispiel mit Erinnerungen, etwa von einer Einkaufsliste. Sie benötigen Trinken, Milch, Toast und Wurst:

Als ich heute früh zur Tür raus wollte, waren alle meine Schuhe verschwunden. Also habe ich meine Füße auf zwei Toastscheiben gestellt, damit der Fußboden nicht so heiß ist. Leider hatte irgendjemand im Treppenhaus Milch verkippt und meine Toastschuhe haben sich damit vollgesogen. Im Auto angekommen habe ich sie erst einmal mit meinem Trinken ausgespült, bevor sie anfangen, komisch zu riechen. Als ich an der Tankstelle angekommen bin, hatte der Verkäufer statt des üblichen Mundschutzes eine Scheibe Wurst vor der Nase – er meinte, weil es besser riecht und er so gleichzeitig arbeiten und essen kann.

Die Geschichte ist völlig abstrakt, die Logik dahinter funktioniert dennoch. Probieren Sie es selbst aus und Sie werden mit der Zeit die richtigen Orte zum Speichern und auch mögliche Geschichten finden – und sie werden Ihnen mit jedem Mal leichter fallen.

Möchten Sie beispielsweise rein sachliche Informationen wie etwa vor einer Prüfung verinnerlichen, können Sie Ihren gedanklichen Spaziergang oder Weg auch in die Realität umsetzen. Dazu schreiben Sie alle Informationen, die Sie sich merken müssen, auf kleine Notizzettel. Überlegen Sie sich nun eine Strecke, die Sie für diese Daten nutzen möchten und begeben Sie sich dahin. Sie können immer an kleinen, auffälligen Strecken Halt machen – etwa an einer Parkbank, einem riesigen Baum oder einem kleinen Fluss. Dort lesen Sie sich einen Teil der Infos durch und verknüpfen sie so gedanklich mit der von Ihnen ausgewählten Stelle. Gleichzeitig notieren Sie auf Ihrem Merkzettel, wo Sie sich die jeweiligen Dinge durchgelesen haben. Diese Stationen und Vorgehensweise wiederholen Sie so lange, bis Sie der Meinung sind, sich alles eingeprägt zu haben. In der Prüfungssituation müssen Sie dann nur noch gedanklich Ihren Weg nachlaufen, um die Informationen abrufen zu können.

## Merksätze und Eselsbrücken

Merksätze können Sie immer dann anwenden, wenn es sich bei den einzuprägenden Informationen beispielsweise um Fachbegriffe handelt, deren Bezeichnung Sie zwar kennen, aber absolut nicht im Gedächtnis behalten können. Einer der bekanntesten Sätze zu diesem Bereich stammt aus dem Bereich der Astronomie und soll dabei helfen, sich Namen und Reihenfolge der in unserem Sonnensystem befindlichen Planeten einzuprägen: "Mein Vater erklärt mir jeden Sonntag unseren Nachthimmel". Die Anfangsbuchstaben stehen für die einzelnen Planeten, also Merkur (der Planet, der der Sonne am nächsten steht), Venus, Erde, Mars, Jupiter, Saturn, Uranus, Neptun. Wie bei jedem Sinnbild hilft eine kreative Geschichte, um sich die Informationen merken zu können.

Erweitern Sie diesen Satz also gedanklich, indem Sie sich vorstellen, wie Sie als Kind mit Ihrem Vater am Fenster saßen und gemeinsam in die Sterne gesehen haben, während er Ihnen mit dem Finger gezeigt hat, was die einzelnen leuchtenden Punkte bedeuten. Ein weiterer, ebenfalls sehr bekannter Satz lautet: "Nie ohne Seife waschen". Damit sollen sich beispielsweise Kinder natürlich auch an die gängigen Hygienevorschriften halten, vor allem dient der Satz aber dem Zweck, sich die Himmelsrichtungen Norden – Osten – Süden – Westen einzuprägen. Indem Sie jedes Wort betonen, wenn Sie den Satz für sich wiederholen, verinnerlichen Sie den Satz – und damit die dahinter befindlichen Informationen.

Eselsbrücken funktionieren auf eine ähnliche Art und Weise. Allerdings arbeiten Sie hier vielmehr mit Vergleichen, Übertreibungen, Reimen oder anderen stilistischen Mitteln statt mit den Anfangswörtern der einzelnen Buchstaben, wenn Sie gewisse Informationen in Ihr Gedächtnis übertragen möchten. Der Begriff "Eselsbrücke" stammt daher, dass die Menschen früher kleine Brücken gebaut haben, um mit den Eseln, die sie als Lastentiere nutzten, das Wasser überqueren zu können. Esel gehen nicht gern durchs Wasser, da sie anhand der Oberfläche keine Tiefe abschätzen können und dementsprechend nie wussten, ob sie dadurch riskieren zu ertrinken. Meine Oma pflegte immer den Spruch "Wer nämlich mit h schreibt, ist dämlich" – und ich höre und sehe sie bis heute jedes Mal, sobald ich dieses Wort aufschreibe. In der Fahrschule konnte ich mir nie einprägen, was vor Antritt einer Fahrt alles am Auto kontrolliert werden muss. Mein Fahrlerer riet mir, mir das Wort "Wolke" einzuprägen – sinngemäß für Wasser, Öl, Luft, Kraftstoff, Elektrik.

Wissen Sie, wann Rom gegründet wurde? Falls nein, gibt es eine Eselsbrücke, die selbst in Schulen regelmäßig genannt wird. Sie lautet "753, Rom schlüpft aus dem Ei". Dieser Satz verbindet die Technik von Eselsbrücken beziehungsweise Merksätzen mit dem Zahl-Reim-System, das ich Ihnen allerdings später noch erklären werde. Da ich aber beispielsweise nie besonders gut darin war, mir historische Zahlen zu merken, war diese Technik sehr effektiv, um mir wenigstens dieses Datum einprägen zu können. Mit ein wenig Kreativität und Einfallsreichtum können Sie so auch Ihre eigenen Sprüche kreieren.

Merksätze und Eselsbrücken funktionieren deshalb so gut, da das Gehirn nur die Informationen speichern kann, die ihm logisch erscheinen. Da jedoch jeder Mensch andere Denkmuster hat, ist Logik kein einheitlicher Begriff – so konnte ich mir beispielsweise mühelos Wahrscheinlichkeitsrechnung aneignen, während meine Banknachbarin darin einfach keinen Sinn gesehen hat. Diese Gedankenbrücken helfen Ihnen dabei, die scheinbar unlogischen Informationen in einen bekannten Zusammenhang zu bringen. Damit ist Ihr Gehirn in der Lage, die Daten zu sortieren – und prägt sie dadurch gleichzeitig ein. Diese Technik funktioniert allerdings nur, wenn die Merksätze für Sie auch persönlich sinnvoll sind. Andernfalls können Sie sich vermutlich die Eselsbrücke merken, nicht aber den Sinn oder die Information, auf deren Basis Sie sie gebildet haben. Solche Gedankenstützen nützen Ihnen vor allem bei Zahlen oder kurz gefassten Fakten – um Zusammenhänge zu erkennen, sind sie weniger dienlich.

**Das Zahl-Symbol-System oder das Zahl-Form-System**

Ich fasse Ihnen beide Methoden zusammen, da sie sich vom Grundaufbau nicht unterscheiden – meist werden sie als eine Technik bezeichnet. Beide Systeme werden auch gern unter dem Begriff der Assoziationskette zusammengefasst. Der Begriff "Kette" kommt daher, dass Sie diese Techniken immer dann anwenden können, wenn Sie chronologisch und in einer bestimmten Reihenfolge Fakten oder Zahlen erlernen müssen. Die Informationen werden mittels dieser Systeme wie die Glieder einer Kette aneinandergehangen. Sie ersetzen beispielsweise Zahlen durch Bilder und erarbeiten sich mit diesen Bildern eine kleine Geschichte. Umgekehrt können die Systeme keine Anwendung finden, wenn Sie damit komplexe Lerninhalte zusammenfassen möchten – sie sind ausschließlich auf Struktur und Reihenfolge ausgelegt. Da Zusammenhänge meist quer über mehrere Gebiete streuen, würden Ihnen Ihre symbolischen Kettenglieder reißen.

Das Zahl-Form-System ist sogar international verbreitet und wird daher auch gern unter dem Begriff Pegword System geführt. Die Zahlen bilden sozusagen Ihr Grundgerüst – wobei Sie dieses Gerüst bei Bedarf auch durch einzelne Fachbegriffe ersetzen können, das erschwert allerdings die nachfolgende Assoziation. Grundlegend können Sie Zahlen auch mit Buchstaben des Alphabets, Wörtern oder Orten entlang eines bestimmten Weges verknüpfen – je nachdem was Sie sich gerade einprägen müssen. Egal welchen sinnbildlichen Vergleich Sie setzen – dieser bildet das Erinnerungsgerüst, also den zweiten Bestandteil jedes dieser Systeme.

Beim Zahl-Form-System setzen Sie die Zahlen mit Ihnen bekannten Formen gleich. Zuerst müssen Sie also für jede Zahl von Null bis Neun ein Symbol oder ein Bild setzen. Diese Technik ist umso effektiver, je bekannter Ihnen die ausgewählten Formen sind. Sie können also beispielsweise für die Zahl Null ein Ei, für die Zahl Acht eine Sanduhr oder für die Zahl Vier ein von einem Kind gemaltes Boot nehmen. Als kleine Stütze für den Anfang möchte ich Ihnen einige Möglichkeit für die einzelnen Zahlen an die Hand geben:

Die Zahl Null können Sie als Kugel, Ei oder Ring verbildlichen. Bei der Zahl Eins stelle ich mir gern einen Streichholz, einen Bleistift oder eine Kerze vor. Für die Zwei wird häufig der Schwan genutzt – wenn Sie darin keinen Vergleich finden, bieten sich Ihnen auch noch ein Gartenschlauch oder ein Storch. Für die Drei werden häufig ein Dreizack, die Brüste einer Frau oder eine Lesebrille als Assoziation genutzt. Bei der Zahl Vier bieten sich ein vierblättriges Kleeblatt oder das besagte Segelboot an. Als Assoziation für die Fünf können Sie eine Hand mit Ihren fünf Fingern, einen Haken oder eine Sichel nutzen. Bei der Sechs bieten sich Kirschen, ein zusammengerollter Elefantenrüssel oder eine Trillerpfeife wie beim Fußball an. Die Zahl Sieben finden Sie in einer Sense, einer Fahne oder auch in einer Angel. Neben der Sanduhr können Sie die Zahl Acht auch durch eine Brezel oder eine Achterbahn ersetzen. Für die Neun können Sie eine Kaulquappe oder einen auf den Kopf gedrehten Golfschläger nutzen.

Diese Vergleiche, wofür auch immer Sie sich entscheiden, müssen Sie anschließend auswendig lernen, bis Sie sie jederzeit abrufen können. Es reicht allerdings, sich pro Zahl nur ein Symbol oder Bild einzuprägen. Ich habe mir damals meine Symbole tatsächlich aufgemalt und die Zahlen hineingeschrieben, bis ich nur noch das Bild vor dem Kopf hatte. Sollten Sie das Gefühl haben, sich ein Sinnbild absolut nicht einprägen zu können, denken Sie über eine Alternative nach – unter Umständen funktioniert die Assoziation zwar für Ihr bewusstes Denken, Ihr Unterbewusstsein sieht das allerdings anders. Den Bildschirm-Pin meines Handys merke ich mir auch nicht über die Zahlen, sondern über das Muster, das ich symbolisch auf meiner Tastatur zeichne.

Sobald Sie sich die Symbole eingeprägt haben, können Sie sie nutzen, um neue Informationen zu erlernen. Auch hierbei hilft Ihnen eine kleine Geschichte. Möchten Sie etwa einkaufen und haben an der vierten Stelle Eier und an der achten Stelle Zucker, spinnen Sie eine Geschichte, in der der Eierkarton auf einem Boot über den See fährt und der Zucker, anstelle von Sand, durch die Sanduhr rinnt. Wichtig ist, dass Sie bei Ihrer Geschichte darauf achten, die Symbole auch in der benötigten Reihenfolge einzuspeisen. Ansonsten haben Sie sehr schnell den berühmten Zahlendreher.

Eine Sonderform dieser Methoden besteht im sogenannten Zahl-Reim-System. Anstelle von Bildern assoziieren Sie Wörter, die sich mit den jeweiligen Zahlen reimen. Für die Zahl Drei können Sie also Brei oder Blei, für die Zahl Sieben beispielsweise Riemen einsetzen.

Diese Techniken setzen voraus, dass sie von Ihnen regelmäßig angewandt wird. Je öfter Sie sie nutzen, desto mehr werden Sie die Symbole verinnerlichen – bis Sie das System eines Tages anwenden werden, ohne großartig darüber nachzudenken. Sobald Sie Symbole gefunden haben, die für Sie stimmig erscheinen, können Sie sich damit alles einprägen, das einer bestimmten Reihenfolge oder Ordnung folgt.

### Die Ersatzwortmethode

Im Gegensatz zu den Techniken, bei denen Sie Zahlen assoziieren, können Sie Ersatzwörter beispielsweise immer dann nutzen, wenn Sie neue Vokabeln, eine Fremdsprache, schwierige Fachbegriffe oder Namen erlernen möchten beziehungsweise müssen. Alternativ wird sie auch als Schlüsselwortmethode oder international als Keywordmethode geführt. Entwickelt wurde sie von dem Gedächtnisexperten Michael Gruneberg – mit Hilfe dieser Technik konnte er verschiedenen Personen dabei helfen, Fremdsprachen zu lernen, obwohl sie von sich behaupteten, kein Sprachtalent zu besitzen. Nachdem sie ein Gefühl für diese Methode bekamen, konnten sie zum Teil innerhalb von 12 Stunden bis zu 400 neue Wörter lernen. Zum Vergleich, ein Schüler im Schulunterricht benötigt für diese Menge etwa 3 bis 4 Jahre. Im Laufe der Jahre wurde die Wirksamkeit dieser Technik immer wieder geprüft, da eine solche Lerngeschwindigkeit schon beinahe unglaublich erscheint. Bei Fremdsprachen fanden die Forscher heraus, dass die Technik umso wirksamer ist, je ähnlicher die zu erlernende Sprache der eigenen Muttersprache ist. Möchten Sie also irgendwann einmal Ihre Kenntnisse in diesem Bereich erweitern, rate ich Ihnen zu germanischen Sprachen. Darunter fallen beispielsweise Englisch, Schwedisch, Niederländisch oder Norwegisch. Die herausragendste Leistung vollbrachte der asiatische Gedächtnisgroßmeister Yip Swe Choi. Mit Hilfe der Ersatzwortmethode gelang es ihm, ein komplettes Wörterbuch mit über 58.000 Einträgen für die Übersetzung von Mandarin zu Englisch auswendig zu lernen. Dabei konnte er nicht nur die jeweilige Übersetzung, sondern auch die Bedeutung der Worte und die Seitenzahl, auf der es zu finden war, angeben.

Um diese Technik erfolgreich anzuwenden, versuchen Sie, zu dem Wort, das Sie erlernen möchten, einen Ihnen bekannten Begriff zu finden, der sich entweder ähnlich anhört oder ähnlich geschrieben wird. Gerade bei Fremdwörtern können Sie dieses Wort in mehrere einzelne Begriffe zerteilen, um so passende Assoziationen zu finden. Am effektivsten funktioniert die Methode, wenn Sie ein Wort mit einer akustischen Ähnlichkeit finden und gleichzeitig ein Bild im Kopf haben, das Sie damit verknüpfen können. Im besten Fall gelingt es Ihnen so, sich nicht nur das Wort selbst, sondern auch dessen Bedeutung und Aussprache einprägen zu können.

Kennen Sie das englische Wort für "Maus"? Es lautet "mouse". Klingt so weit erst einmal einfach und bedarf keiner weiteren Assoziation. Der Plural wird im Englischen jedoch nicht gebildet, indem man einfach ein s an das Wort fügt, sondern es wird neu gebeugt. So ist die englische Übersetzung für "Mäuse" nicht "mouses", sondern "mice". Damit haben viele Menschen Probleme, da es augenscheinlich keiner Logik folgt. Das Wort klingt jedoch so ähnlich wie "Mais" – Sie können es also damit assoziieren und sich gleichzeitig vorstellen, wie viele Mäuse an einem Maiskolben knabbern.

Das italienische Wort für "Wetter" ist "tempo". Mir fällt dazu direkt ein Taschentuch ein. Somit ist die Assoziation möglich, dass ich bei diesem trüben Wetter heute definitiv ein Taschentuch benötigen werde, um meine Brille zu trocknen.

Gerade bei Fachbegriffen und Vokabeln einer fremden Sprache ist es meist schwer, einfache Assoziationen zu knüpfen. Sie müssen sich meistens nicht nur das Wort selbst einprägen, sondern gleichzeitig auch seine Bedeutung im Gedächtnis behalten – und im Idealfall die korrekte Aussprache. Mit Hilfe der Ersatzwortmethode können Sie diese Begriffe in eine Form bringen, die es Ihnen möglich macht, sinnvolle Vergleiche zu bilden und Ihnen die Lautschrift und den Sinn hinter diesem Wort ermöglichen. Daher ist diese Technik ein wichtiges Bindeglied zwischen den Assoziationsketten und der Loci-Methode. Sie können nur die Begriffe, Zahlen oder Informationen an einem bestimmten Punkt gedanklich ablegen, wenn Sie vorher eine Assoziation gebildet und den Sinn dahinter verstanden haben. Sollte Ihnen also einmal kein Vergleich einfallen, nutzen Sie diese Technik, um sich die Inhalte einzuprägen.

### Die Alphabet-Methode

Diese Methode ist dem Grundmodell des Zahl-Form-Systems sehr ähnlich. Der Unterschied besteht darin, dass Sie sich anstelle von Zahlen Buchstaben als Grundgerüst heranziehen und für diese jeweilige Assoziationen ermitteln. Sie findet Anwendung bei den sogenannten Galgenmännchenwörtern – also komplexen oder schwer zu schreibenden Begriffen, die Sie in die einzelnen Buchstaben zerlegen. Aus den Bildern, die Sie als Merkhilfe heranziehen, können Sie anschließend wieder kleine Geschichten bauen. Auch hier sind die Reihenfolge und die feste Zuordnung von Buchstabe und Bild maßgeblich für eine erfolgreiche Anwendung.

Die Besonderheit bei der Bildung von Bildern besteht darin, dass Sie nicht nach einem Bild suchen, welches dem Buchstaben optisch ähnelt. Stattdessen sollte der Buchstabe auch gleichzeitig der Anfangsbuchstabe des assoziierten Wortes sein – also beispielsweise beim Buchstaben H ein Hund. Für den Buchstaben K nutze ich beispielsweise das Wort Kaffee. Das hat den einfachen Hintergrund, dass ich nicht nur das Bild einer

Kaffeetasse, sondern gleichzeitig den Geruch und Geschmack im Kopf habe. Je mehr Sinne bei der jeweiligen Verknüpfung genutzt werden, desto effektiver und wirksamer kann sie im Gedächtnis verankert werden.

Wenn Sie die Bilder verinnerlicht haben, können Sie sich mit Hilfe dieser Methode auch Listen mit Wörten einprägen. Wenn wir also wieder von der Einkaufsliste sprechen, steht bei Ihnen dieses Mal Mehl, Quark, Toilettenpapier und Duschbad darauf. Ihre Aufgabe besteht nun darin, die Liste in eine Reihenfolge zu bringen. Das könnte dann beispielsweise wie folgt aussehen: A: Mehl, B: Quark, C: Toilettenpapier, D: Duschbad. Statt die Reihenfolge mit 1 - 4 zu beziffern, ersetzen Sie die Zahlen also durch Buchstaben. Ich habe diese Buchstaben mit den Begriffen Affe, Ballon, Chinese und Dummkopf – stellvertretend für meine kleine Katze – assoziiert. Wäre es also meine Einkaufsliste, würde ich mir vorstellen, wie ein Affe aus Neugier eine Packung Mehl geöffnet hat und nun voll davon ist, ein Ballon als Wasserbombe genutzt werden soll – nur leider beinhaltet er Quark anstelle von Wasser, der Chinese ganz dringend auf Toilette muss, aber nirgendwo Toilettenpapier finden kann und meine kleine Katze, also der Dummkopf, mein Duschbad durch die Wohnung jagt, weil er es mit seinem Spielzeug verwechselt.

Sie können selbstverständlich jedes Bild als Assoziation nutzen, das Ihnen am besten passt. Entscheidend für Ihren Erfolg ist hier, dass Sie dazu tatsächlich eine Bindung haben.

### Grenzen der Mnemotechnik

Gerade Gedächtnistrainer preisen Mnemotechniken gern als Wundermittel an, die es uns ermöglichen sollen, nie wieder auch nur das kleinste Detail zu vergessen. Wenn man bestimmten Aussagen folgt, sind die Techniken innerhalb weniger Minuten zu erlernen. Grundlegend ist es richtig, dass in den einzelnen Methoden kein besonders hoher Schwierigkeitsgrad steckt – allerdings werden Sie regelmäßige Übungen benötigen, bis

Sie beispielsweise die Assoziationen verinnerlicht haben und sie sicher anwenden können. Schlussendlich verhält es sich wie mit Auto oder Fahrrad fahren.

Jeder Mensch hat eine individuelle Begabung und geht mal mit mehr, mal mit weniger Vorkenntnissen an diese Aufgabe heran. Trotz aller vorhandenen Fähigkeiten hilft jedoch nur das tatsächliche Fahren, um diese Fähigkeiten auszuarbeiten und zu verbessern. Es gibt keine allgemeingültige Lösung – abgesehen von den Verkehrsregeln oder hier in diesem Fall den Assoziationen – und jeder entwickelt seine eigene Vorgehensweise. Ich habe beispielsweise meistens eine Hand am Schaltknauf, während mein bester Freund beide Hände ans Lenkrad legt.
Sie werden erst durch das Erlernen der Mnemotechniken auf einige Wissenslücken stoßen – zum Beispiel immer dann, wenn Sie keinen brauchbaren Vergleich finden. Nutzen Sie die Chance und stocken Sie die Lücken auf, durch die Techniken werden Sie diese Informationen nicht mehr vergessen. Haben Sie die Feinheiten der einzelnen Methoden verinnerlicht, können Sie schneller und effektiver lernen als zuvor.

Wenn Sie sich für die eine oder andere Methode entscheiden, müssen Sie vorab abwägen, ob das zu lernende Wissen nur für eine kurze Zeit oder auf Dauer in Ihrem Gedächtnis verankert werden soll – etwa ob Sie sich nur die Einkaufsliste merken oder einen neuen Fachbereich in Ihrem Beruf erlernen möchten. Bei längerfristigen Verbindungen sollten Sie darauf achten, die Bilder, die Sie als Assoziationen nutzen, nicht zu abstrakt zu gestalten, da Sie sie ansonsten nur schwer bei sich behalten können. Nutzen Sie lieber bekannte Erinnerungen, die Sie im besten Fall mit einer emotionalen Erfahrung verbinden. Ansonsten laufen Sie Gefahr, dass Ihnen sozusagen ein Kettenglied Ihrer Assoziationskette reißt – das würde die Technik als Gesamtes sinnlos machen. Sie können sich die Dinge mit Hilfe der Methoden definitiv besser einprägen als bisher – allerdings ist eine sinnvolle Vorbereitung nötig, um nicht sinnlos Ihre Zeit zu vergeuden.

**Die Vergessenskurve**

Sich zu erinnern und Dinge wieder zu vergessen, stehen in direktem Zusammenhang zueinander. Auch wenn der Speicherplatz unseres Gedächtnisses unbegrenzt ist – hin und wieder ist es nötig, bestimmte Dinge zu streichen, um Platz für Neues zu schaffen. Ich kann mich beispielsweise heute nicht mehr daran erinnern, wie ich Schreiben oder das Tippen am Computer gelernt habe. Ich kann es einfach und muss glücklicherweise nicht mehr darüber nachdenken.

Die Tatsache, dass Wiederholung nötig ist, um sich neue Informationen und Daten einprägen zu können, wurde unter anderem von dem deutschen Psychologen Dr. Ebbinghaus im Jahr 1885 untersucht. In zahlreichen Selbstversuchen mit verschiedenen, zum Teil aber wahllos gewählten Silben konnte er herausfinden, dass das Vergessen nicht von jetzt auf gleich, sondern in einer sogenannten Vergessenskurve geschieht. Seine Forschungen ergaben, dass ein Mensch bereits 20 Minuten, nachdem er etwas erlernt hat, nur noch 60 Prozent davon weiß. Nach einer Stunde waren nur noch etwa 45 Prozent der Informationen vorhanden, nach einem Tag noch etwa 34 Prozent. Nach einer Woche behalten Menschen im Schnitt noch 23 Prozent der erlernten Informationen im Gedächtnis. Über einen längeren Zeitraum gesehen pegeln sich die vorhandenen Informationen bei circa 15 Prozent des ursprünglich Gelesenen ein.

Ich weiß, dass das auf den ersten Blick sehr frustrierend wirkt – ich war damals gleichzeitig erschrocken, wie wenig wir eigentlich tatsächlich noch wissen und wie sehr das Gehirn die dadurch entstandenen Lücken zu füllen vermag. Ebbinghaus fand aber auch heraus, dass der Gedächtnisprozess unter anderem davon abhängig ist, um welchen Stoff es sich handelt. Wortgruppen und Silben, vor allem wenn sie wie bei einer Fremdsprache einem Sinn folgen, sind für das Gehirn leichter zu merken als beispielsweise Zahlenkombinationen oder sinnlose Aneinanderreihungen von Buchstaben. Gleichzeitig konnte er feststellen, dass die Studie bei Schülern, also bei Menschen, die regelmäßig lernen, andere Ergebnisse erzielte. Diese konnten nach bis zu einer Woche immer noch knapp 90 Prozent der erlernten Vokabeln und Silben wiedergeben. Er konnte einige wertvolle Thesen ermitteln, die Ihnen helfen werden, Ihre persönliche Vergessenskurve so gering wie möglich zu gestalten.

Grundlegend ist es möglich, den Prozess des Vergessens durch mehrfache Wiederholung des Lernstoffes zu mindern. Diesen Vorgang bezeichnet Ebbinghaus auch als Überlernen. Jedes Mal, wenn Sie einen Lernstoff erneut lesen, können Sie immer größere Passagen überspringen, da Sie sie bereits verinnerlicht haben. Gleichzeitig stellte er fest, dass alle Dinge, die keine alltägliche Anwendung finden, schnell vergessen werden. Sie können Ihr Wissen nur dann behalten, wenn Sie es regelmäßig anwenden und nutzen.

Wenn Sie lernen, muss das Material, das Sie lesen, so klar wie möglich gestaltet sein. Sie benötigen einen Überblick, der Ihnen deutlich aufzeigt, welcher Sinn sich hinter dem jeweiligen Stoff verbirgt. Gleichzeitig ist die Reihenfolge des Lernens wichtig – es macht beispielsweise wenig Sinn, wenn Sie lernen möchten, welche Wirkung Serotonin auf den Körper hat, wenn Sie gar nicht wissen, was Serotonin überhaupt ist.

Bei der Vergessenskurve geht es nicht darum, die erlernten Inhalte eins zu eins wiedergeben zu können. Es wird lediglich gemessen, inwieweit Sie in der Lage sind, den Sinn zu reproduzieren. Wie ich Ihnen bereits erklärte, wurden die Versuche von Ebbinghaus mittels sinnlos aneinandergereihter Silben gemessen. Zu seiner Zeit war er damit ein Pionier auf dem Gebiet der Gedächtnisforschung und wurde von verschiedenen Experimentalpsychologen für seine Arbeit gelobt und als Vergleichswert genutzt. Mit der Zeit kritisierten verschiedene Forscher allerdings die Wirksamkeit der Ergebnisse aus den Selbsttests. Das Problem bestand darin, dass eine neutrale Auswertung durch eine dritte Person nicht möglich war. Gleichzeitig wurde kritisiert, dass sinnlose Silben kein tatsächliches Ergebnis zu reellen Lernsituationen bieten können. Dennoch werden seine Versuche bis heute als allgemein anerkannt und gültig angesehen – auch, weil diverse Psychologen seine Studien im Laufe der Jahre unter anderen Bedingungen, also beispielsweise mit reellen Silben und externen Probanden, wiederholt und deren Richtigkeit bewiesen haben. Der österreichische Kybernetiker und Philosoph Heinz von Förster konnte während einer solchen Überprüfung zudem ermitteln, dass jedes Wiederholen des bereits erlernten Lernstoffes eine neue Lernsituation darstellt. Das bedeutet, dass auch jedes Mal, wenn Sie sich neue Inhalte einprägen möchten, gleichzeitig Ihre Ausgangssituation, wie etwa Ihre emotionale Grundstimmung und der Ort, an dem Sie sich gerade befinden, wichtig ist.

Außerdem fand er heraus, dass die Vergessenskurve erheblich niedriger ausfällt, wenn es sich bei dem zu lernenden Material um Inhalte handelt, die entweder eine tatsächliche Relevanz besitzen oder für Ihren Alltag notwendig sind. Um das Vergessen so gering wie möglich zu halten, hilft unter anderem Mindmapping. Die Kombination aus dem Aufschreiben der verschiedenen Inhalte und der anschaulichen Darstellung ermöglicht dem Gehirn, die verschiedenen Bereiche in einer Art Wechselwirkung miteinander arbeiten zu lassen. Gleichzeitig behalten Sie so vor allem die Kernaussagen der jeweiligen Wissensbereiche und können die Details kategorisiert erlernen.

# Kategorien von Allgemeinwissen

Nachdem Sie nun umfangreiche Informationen darüber haben, wie Sie Ihre Gedächtnisleistung und die Aufnahmefähigkeit des Gehirns verbessern können, geht es natürlich auch noch um die einzelnen Bereiche. Verschiedene Studien haben gezeigt, dass ein breit gefächtertes Allgemeinwissen auch in der heutigen Zeit von Google und Co. nach wie vor eine hohe Relevanz darstellt. Es ermöglicht Ihnen, sich als gebildet und kultiviert zu präsentieren und nicht auf einer festgelegten Meinung beharren zu müssen, sondern verschiedene Aspekte beleuchten zu können. Daher möchte ich Ihnen zu einzelnen Bereichen der Allgemeinbildung Informationen an die Hand geben, damit Sie sich zukünftig gezielt austauschen, beraten und unterhalten können. Die meisten dieser Kategorien werden Sie sicherlich noch aus Ihren Unterrichtsfächern in der Schule kennen – ich bin gespannt, wie viel Sie davon noch selbst wissen oder hier gegebenenfalls neu erlernen.

## GEOGRAFIE

Der Wissensbereich der Geografie, oder auch Erdkunde, beschreibt alle Faktoren, die sich mit der Erdoberfläche beschäftigen. Dazu zählen neben der physischen Beschaffenheit auch das menschliche Leben und Handeln. Auch der Bereich der Astronomie, wie beispielsweise das Sonnensystem, können unter diesem Aspekt zusammengefasst werden.

Heutzutage leben mehr als 7.600.000.000 Menschen auf dem Planeten Erde – was eine wahnsinnige Zahl ist, wenn man dabei überlegt, dass vor 40 Jahren nur etwa halb so viele Personen gezählt wurde. Vor 2.000 Jahren wurde die Anzahl der auf der Erde lebenden Menschen lediglich auf etwa 170 Millionen geschätzt.

## Weltall und Universum

Die Erde entstand, wie unser gesamtes Universum, im Zuge des Urknalls vor etwa 13,8 Milliarden Jahren. Seitdem dehnt sich das Weltall immer weiter aus. Diese Ausdehnung wurde von Albert Einstein mathematisch fundiert und einige Jahre später mit Hilfe des Weltraumteleskops von Edwin Hubble belegt. Die Größe des Weltalls ist ein Thema, das Astronomen fortlaufend beschäftigt. Mit verschiedenen Berechnungen konnten sie ermitteln, dass es mindestens eine Größe von 78 Milliarden Lichtjahren haben muss - zum Vergleich, ein Lichtjahr misst eine Größe von rund 9,5 Billionen Kilometern. Das Licht selbst bewegt sich mit einer Geschwindigkeit von rund 300.000 Kilometern pro Sekunde. In einem Jahr legt Licht also eine Strecke von 9,46 Billionen Kilometern zurück. Die immense Größe des Weltalls wird es uns wohl niemals erlauben, das Universum vollständig zu erforschen.

Innerhalb dieses riesigen Raumes befinden wir uns in einem kleinen Teilbereich, der sich Milchstraße nennt. Hierbei handelt es sich um eine eigene Galaxie, die spiralförmig durch den Weltraum verläuft. Sie gehört zu einem Galaxiehaufen, der auch "lokale Gruppe" genannt wird. Ihren Namen verdankt sie der griechischen Mythologie - die alten Griechen glaubten, dass die Göttermutter Hera ihre Muttermilch ins Universum verspritzte. In ihr befinden sich schätzungsweise zwischen 100 und 300 Millionen Sonnen. Diese Zahl ist schwierig festzulegen, da laufend Sterne verschwinden und neue auftauchen. Damit das Licht der Sonne von der einen zur anderen Seite der Milchstraße gelangt, benötigt es rund 100.000 Jahre. Die Milchstraße befindet sich in permanenter Bewegung - in etwa 4 Milliarden Jahren wird unsere Galaxie vermutlich mit dem benachbarten Andromedanebel zusammenstoßen. Die Sonne, die wir täglich sehen, befindet sich rund 26.000 Lichtjahre vom Mittelpunkt der Milchstraße entfernt.

Wenn wir in den Himmel sehen, können wir bis zu 3.500 Sterne betrachten - auch das sind alles einzelne Sonnen. Der hellste und gleichzeitig größte dieser Sterne heißt R136a1 und befindet sich in der Magellanschen Wolke. Er leuchtet deshalb so hell, weil er etwa sieben Mal heißer ist als die Sonne – die mit 5.600 Grad Celsius schon ordentlich für Wärme sorgen kann. Dieser Stern strahlt aber mit etwa 40.000 Grad auf uns herab. Der größte Stern wird auch "roter Überriese" genannt. Er befindet sich im Sternenbild des Schützen und hat einen Radius, der den unserer Sonne etwa um das 1.700-fache übersteigt. Insgesamt besteht unser Sonnensystem aus 88 Sternenbildern – neben den bekanntesten, die die Sternzeichen bilden, gibt es auch noch den Indianer, das Walross oder die Wasserschlange, die gleichzeitig das größte aller vorhandenen Bilder darstellt.

Wie viele Galaxien das Weltall insgesamt hat, ist nicht erforscht. Man geht aber davon aus, dass es sich um mehrere Billionen handelt. Die Galaxie, die aktuell am weitesten von uns entfernt ist, nennt sich GN-z11. Sie wurde im Jahr 2016 vom Weltraumteleskop entdeckt und befindet sich etwa 13,4 Milliarden Lichtjahre von uns entfernt. Das bedeutet, dass sie etwa 400 Millionen Jahre nach dem Urknall entstanden ist.

Dass die Erde um die Sonne kreist, ist Ihnen sicherlich bekannt. Wir befinden uns also in unserem eigenen Sonnensystem, welches insgesamt 8 Planeten, 5 Zwergplaneten wie beispielsweise Pluto und unzählige Kleinkörper wie Meteoriten umfasst. Das Ende unseres Sonnensystems wird mit dem Kuipergürtel und der Oortschen Wolke begrenzt. Neben der Erde kreisen auch alle anderen Planeten in diversen Ringen um die Sonne. Im inneren Kreis befinden sich die Erde, Merkur, Mars und Venus. Die äußeren Planeten sind Saturn, Neptun, Jupiter und Uranus. Pluto befindet sich innerhalb des Kuipergürtels. Der Mond, den Sie jeden Abend sehen, ist der fünftgrößte unseres Sonnensystems. Der größte Mond kreist um den Planeten Jupiter und nennt sich Ganymed.

Hin und wieder sehen Sie Sternschnuppen, wenn Sie abends oder nachts in den Himmel schauen. Dabei handelt es sich um kleine Gesteinskörper, die beim Eintritt in die Erdatmosphäre verglühen und daher leuchten. Wenn sie nicht vollständig verglühen, nennen sie sich Meteoriten. Neben Gestein können sie auch aus Eisen bestehen. Die größere Form davon heißt Asteroid. Sie bewegen sich in einer Umlaufbahn um die Erde.

**Das Sonnensystem**

Wie Sie bereits durch die obrige Recherche wissen, befinden wir uns dank unserer Sonne in unserem eigenen Sonnensystem. Neben der Erde und der Sonne selbst befinden sich darin noch die anderen 7 Planeten, von denen ich Ihnen erzählt hatte. All diese Planeten kreisen um die Sonne, welches das Zentrum bildet. Relativ auf das Universum gesehen ist sie durchschnittlich groß und mit 4,57 Milliarden Jahren durchschnittlich alt. Die Sonne misst einen Durchmesser von 1,39 Millionen Kilometern – damit ist sie etwa 330 Mal so groß wie alle anderen Planeten zusammen. Das, was wir von der Sonne sehen können, nennt sich Photosphäre.

Merkur ist als Planet kaum sichtbar, da er sich sehr nah an der Sonne befindet. Dieser Planet zeichnet sich dadurch aus, dass er mit vielen Kratern übersäht ist und sich mit einer Geschwindigkeit von knapp 88 Tagen am schnellsten um die Sonne kreist. Dennoch hat er den längsten Tag – er benötigt umgerechnet knapp 59 Tage, um sich um seine eigene Achse zu drehen.

Nach der Sonne und dem Mond ist die Venus der hellste Planet innerhalb der Milchstraße. Diese Leuchtkraft war auch der Grund, den Planeten nach der Göttin der Liebe zu benennen. Der Planet ist allerdings nicht lieblich, sondern eher tödlich. Die Atmosphäre der Venus besteht fast ausschließlich aus Kohlendioxyd, wodurch dort ein permanenter Druck von etwa 90 Bar herrscht. Die Oberfläche der Venus ist voll mit Vulkanen – einer der Gründe, warum sie rot leuchtet. Die Venus ist in etwa genauso groß wie die Erde und liegt der Erdumlaufbahn am nächsten.

Unsere Erde wird auch "der blaue Planet" genannt, da er zu 71 Prozent aus Wasser besteht. Sie ist der dichteste Planet unseres Sonnensystems und rotiert in einer elliptischen Bahn östlich um die Sonne herum.

Neben Wasser besteht sie vor allem aus Sauerstoff, Eisen, Magnesium und anderen Elementen.

Der Planet Mars wurde aufgrund seiner blutroten Farbe nach dem römischen Kriegsgott benannt. Die Oberfläche des Mars ist sehr dünn, weshalb er kaum in der Lage ist, Wärme zu speichern. Die Temperaturunterschiede sind extrem – während tagsüber angenehme 20 Grad herrschen, können hier nachts auf einmal -85 Grad sein.

Zwischen Mars und Jupiter befindet sich der sogenannte Asteroidengürtel. Jupiter selbst ist sowohl der größte als auch der schwerste Planet unseres Sonnensystems. Der Planet besteht zum größten Teil aus Wasserstoff und ist etwa 1.400 Mal so groß wie die Erde. Die Anziehungskraft von Jupiter ist enorm – ungefähr 10 bis 20 Mal so stark wie auf der Erde. Die bunten Streifen, die auf dem Planeten zu sehen sind, sind Wolkenbänder und diverse kleine Wirbelstürme.

Ähnlich wie Jupiter besteht auch Saturn fast ausschließlich aus Wasserstoff. Die Ringe, die um den Planeten herum sichtbar sind, bestehen aus Staubpartikeln und Wassereis.

Uranus ist schwer zu erforschen, da er von der Erde sehr weit entfernt ist. Da seine Oberfläche fast ausschließlich aus Eis besteht, wird Uranus auch als Eisplanet bezeichnet. Auch wenn sie nicht sichtbar sind, umkreisen diesen Planeten, ähnlich wie bei Saturn, einzelne Ringe. Die Besonderheit dieses Planeten besteht in seiner Rotation – seine Achse ist im Vergleich zu allen anderen Planeten um etwa 90 Grad gekippt, wodurch auf den Hälften permanent Tag beziehungsweise Nacht herrscht.

Neptun ist als Planet am weitesten von der Erde entfernt. Er besteht zum größten Teil aus Wasserstoff und Helium, seine Atmosphäre wird allerdings auch von 2 Prozent Methan geprägt – weshalb er für uns in einer grünen Farbe sichtbar wird. Auf diesem Planeten weht mit einer Geschwindigkeit von 2.100 km/h ein ordentliches Lüftchen. Es ist die höchste jemals gemessene Windgeschwindigkeit unseres Sonnensystems.

Pluto war bis zum Jahr 2006 ein vollwertiger Planet, wurde anschließend allerdings zum Zwergplaneten degradiert. Durch seine Entfernung zur Sonne herrschen dort durchschnittliche Temperaturen von -270 Grad Celsius. Er befindet sich im Kuipergürtel und rennt nahezu um die Sonne – für eine Umrundung benötigt er gerade einmal 247 Jahre. Der Kuipergürtel ist eine flache Staubschicht, die das Ende der uns bekannten Planeten kennzeichnet. Das Ende des Sonnensystems befindet sich an der Oortschen Wolke. Astrologen vermuten, dass in dieser staubigen Wolke mehrere Billionen Objekte kreisen – von Asteroiden bis hin zu Zwergplaneten.

**Die Erde und der Mond**

Die Erde ist nach Venus und Merkur der drittnächste Planet zur Sonne. Um sie zu umkreisen, benötigt er 365 Tage, 6 Stunden, 9 Minuten und 9,5 Sekunden – aus diesem Grund haben wir alle 4 Jahre einen zusätzlichen Tag. Um sich ein Mal um die eigene Achse zu drehen, braucht sie 23 Stunden, 56 Minuten und 4,1 Sekunden – deshalb wechseln wir zwischen Sommer- und Winterzeit. Sie besteht zu 71 Prozent aus Wasser und zu 29 Prozent aus Land. Die Landfläche ist aufgeteilt auf 7 Kontinente: Asien, das mit 29,68 Prozent den größten Anteil einnimmt, darauf folgen Afrika, Nord- und Mittelamerika, Südamerika, die Antarktis, Europa und Australien und Ozeanien, die mit 5,68 Prozent eher klein ausfallen. 27 Prozent der vorhandenen Fläche besteht ausschließlich aus Wäldern. Die größte Fläche ohne Bäume nennt sich Tundra. Sie liegt südlich der Nordpolargebiete, also beispielsweise in Sibirien, Alaska und zum Teil in Norwegen. Da der Boden dauerhaft von Frost überzogen ist, wachsen hier vorwiegend Moose und kleine Sträucher. Der größte Nadelwald, die Taiga, reicht von Norwegen und Finnland bis über Sibirien und nach Kanada. Sie zeichnet sich, neben den Bäumen, vor allem durch ihre sumpfige Landschaft aus.

Wie unser Mond entstanden ist, ist bis heute nicht geklärt. Stattdessen ranken sich eine Vielzahl an Theorien um unseren Trabanten. Eine

Theorie besagt beispielsweise, dass Mond und Erde ursprünglich Schwesterplaneten waren – nur ist die Erde im Laufe der Jahrmillionen gewachsen und der Mond nicht. Ein anderer Gedankenansatz besteht darin, dass sich zum Zeitpunkt der Erdbildung ein flüssiger Tropfen der Ur-Erde am Äquator abspaltete und in der Erdumlaufbahn hängen blieb. Er ist von der Fläche her etwas größer als Afrika, jedoch kleiner als Asien. Um von der Erde zum Mond zu gelangen, würden Sie etwa 60 Stunden benötigen. Während der Mond die Erde umkreist, dreht er sich gleichzeitig und in der gleichen Geschwindigkeit um sich selbst. Dafür benötigt er etwas mehr als 27 Tage. Aus diesem Grund sehen wir einen zu- und abnehmenden Mond – Sie können es so sehen, dass wir von diesem Trabanten immer nur die Schokoladenseite sehen. Bei Vollmond steht die Erde zwischen Sonne und Mond. Das ist alle 29,53 Tage der Fall. Neben dem Einfluss auf die Gezeiten, also Ebbe und Flut, hebt und senkt sich durch den Mond der gesamte Erdmantel. Die Dichte misst hier nur etwa 1/6 im Vergleich zur Erde. Da er keine eigene Atmosphäre hat, sind die Temperaturunterschiede enorm. Auf der Schattenseite herrschen durchschnittlich -160 Grad Celsius, auf der Sonnenseite plus 130 Grad.

### Die Riesen der Erde

Diese Fragen habe ich in der Schule immer gehasst, da ich mir die verschiedenen Zahlen, Daten und Fakten zum längsten Fluss oder höchsten Berg nie vollständig einprägen konnte. Sie gehören jedoch zu den wichtigsten Faktoren im Bereich des Allgemeinwissens.

Der höchste Berg der Welt ist von dem Ausgangspunkt der jeweiligen Bemessung abhängig. Allgemein gilt der Mount Everest mit einer Höhe von 8.848 Metern als herausragendster aller Gipfel. Er wurde das erste Mal im Jahr 1953 erklommen. Seither haben über 4.000 Personen diese Leistung wiederholt. Die Höhe des Mount Everest gilt jedoch nur für Messungen, die oberhalb des Meeresspiegels beginnen. Der Mauna Kea auf Hawaii misst 9.200 Meter – davon sind jedoch nur 4.205 Meter über dem

Wasser. Innerhalb Europas sind die zwei höchsten Berge der Elbrus im Kaukasus-Gebirge an der euro-asiatischen Grenze mit 5.642 Metern sowie der Mont Blanc an der Grenze von Frankreich zu Italien mit 4.819 Metern Höhe. In Deutschland ist die Zugspitze der höchste Berg mit einer Höhe von 2.962 Metern.

Die längsten Flüsse der Welt sind der Nil mit 6.671 und der Amazonas mit 6.437 Kilometern. Welcher Fluss hier tatsächlich den Rang anführt, unterscheidet sich von Buch zu Buch. Der Grund dafür liegt in den diversen Nebenflüssen, die je nach Autor mal mehr und mal weniger mitgezählt werden. Der Nil beginnt im Mittelmeer und führt von hier aus durch diverse afrikanische Länder wie Ägypten, Ruanda, Tansania und Uganda. Der Amazonas hat seinen Ursprung im Atlantik und durchquert Peru und Brasilien. In Europa ist die Wolga der mit 3.530 Kilometern längste Fluss. Dicht darauf folgt die Donau mit 2.857 Kilometern. Letztere durchquert insgesamt 10 verschiedene europäische Länder – angefangen von ihrer Quelle in Deutschland durch Österreich, die Slowakei, Ungarn, Kroatien, Serbien, Rumänien, Bulgarien, Moldawien bis in die Ukraine.

Auch wenn sie im Laufe der Jahre weniger geworden sind, verfügt die Erde nach wie vor über einige Vulkane. Der höchste aktive Vulkan ist der Ojos del Salado in Chile. Er misst 6.887 Meter.

Der größte Kontinent auf der Erde ist Asien. Er beherbergt 47 verschiedene Länder mit über 60 Prozent der gesamten Weltbevölkerung. Auf ihm befindet sich auch das größte Land der Welt, Russland. Insgesamt hat die Erde 206 verschiedene Länder. Misst man die Größe nach Anzahl der Einwohner, führt China diesen Platz an.

Der heißeste Ort der Welt befindet sich in der iranischen Wüste Lut mit gemessenen 78,1 Grad Celsius. Der hingegen kälteste Platz mit -92,3 Grad liegt im Herzen der Antarktis. Hier wohnen allerdings keine Menschen – dafür liegt die Grenze bei -71,2 Grad Celsius mitten in Sibirien. In Deutschland war die bisher kälteste gemessene Temperatur übrigens bei -45,9 Grad im Jahr 2001. Dieser Wert wurde am Funtensee in Bayern gemessen.

Die größte Wüste der Erde ist die Sahara. Mit 9,2 Millionen Quadratkilomtern ist sie etwa 25 Mal so groß wie Deutschland. Hier herrschen ebenfalls extreme Witterungsbedingungen – tagsüber erwarten Sie über 60 Grad Celsius, nachts fallen die Werte unter den Gefrierpunkt.

**Entstehung der Erde und des Lebens**

Vor etwa 13.700 Milliarden Jahren kam es zum Urknall. Dieser Knall führte dazu, dass kleine Materialkörner aus Staub und Gas um die Sonne kreisten. Über einen Zeitraum von 9 Milliarden Jahren hinweg verschmolzen diese kleinen Körnchen zu einem brennenden Klumpen, unserem Äquator. Vor 4,5 Milliarden Jahren hatten diese Klumpen sich zu etwas gebildet, was wir heute die Erde nennen. Zu diesem Zeitpunkt bestand sie allerdings noch aus einem Feuerball. Über 600 Millionen Jahre hinweg stürzten permanent Eisklumpen und andere Gesteinsbrocken auf diesen Ball und vergrößerten ihn dadurch. Gleichzeitig gelangten so Wasser und Mineralstoffe auf die Erde.

Diese Phase wird heute auch als Hadaikum bezeichnet. Anschließend begann die Erde damit, sich allmählich abzukühlen. Die Erdkruste verfestigte sich. Durch unzählige Einschläge von Meteoriten entstanden Berge und Vulkane. Die Abkühlung der Erde sorgte dafür, dass Wasserdampf aufstieg und in riesigen Gewittern auf den Planeten niederregnete. Forscher vermuten, dass so die Ozeane entstanden sind. Da damals noch keine wirkliche Atmosphäre vorhanden war, wirkte das Sonnenlicht viel stärker – dadurch lösten sich Ammoniak und Methan und führten den erhöhten Sauerstoffgehalt zurück ins Weltall. Nun konnten erstmals kleine Bakterien in den Gewässern nachgewiesen werden. Der erste Kontinent mit dem Namen Vaalbara entstand vor rund 3,3 Milliarden Jahren – die Erde war permanent in Bewegung und durch diese Tektonik riss der Erdmantel immer weiter auf. Vor rund 3 Milliarden Jahren entstanden die ersten tatsächlichen Lebewesen. Es handelte sich um pflanzliche

Cyanobakterien.

Diese Bakterien waren in der Lage, Photosynthese zu betreiben. Infolgedessen namen die Treibhausgase ab und die Erde kühlte immer weiter herunter. Dieser Prozess beschrieb das Ende des sogenannten Archaikums und läutete die erste große Eiszeit, auch genannt Proterozoikum, ein. Diese Eiszeit begann vor 2,4 Milliarden Jahren. Dennoch überlebten die Einzeller und Bakterien diese Phase – durch die fortwährende Photosynthese stieg der Sauerstoffgehalt wieder an. Gleichzeitig entwickelten sich diese Zellen weiter und wurden vor 1,5 Milliarden Jahren zu kleinen Organismen und komplex gebauten Zellen, auch genannt Protisten. Sie sorgten dafür, dass der Sauerstoffgehalt der Erde sich auf dem heutigen Pensum einpegelte. Indem die Protisten sich immer weiterentwickelten, entstanden daraus Schwämme, Ringelwürmer, Quallen und vor etwa 600 Millionen Jahren auch die ersten Pflanzen, die unseren heutigen Algen ähnelten. Nun folgte die "kambrische Explosion". Es bildeten sich schlagartig zahllose wirbellose Lebewesen und die Erde erwärmte sich wieder.

Die Landmasse, die zu diesem Zeitpunkt wieder eine vollständig geschlossene Fläche war, zerfiel in verschiedene Kontinente – unter anderem auch Sibirien. Während dieser Phase, die man auch Phanerozoikum nennt, entwickelten sich nach und nach die Lebewesen – angefangen bei Spurenfossilien, Meerespflanzen und im Meer lebende Gliederfüßler bis hin zu kieferlosen Fischen. Oberhalb der Wasseroberfläche schmolz das Eis und Pflanzen begannen, aus dem Boden zu sprießen. Während dieser Phase kam es zwei Mal zum Massensterben: Da das Eis schmolz, bildeten sich Gletscher, die viele Organismen wieder dahinrafften. Die neu erwachte Plattentektonik sorgte für starken Vulkanismus, was sich schädlich auf die Meeresbewohner auswirkte. Dennoch entstanden weiter neue Lebewesen wie Knochen- und Knorpelfische, Haie und Rochen. Der Ursalamander gilt als das erste an Land existierende Wirbeltier. Im Wasser geboren schaffte er den Wechsel ans Land. Ihm folgten Skorpione und Insekten.

Die Erde formte sich indes weiter. Es wuchsen Nadelbäume und durch die Besiedlung der Pflanzen herrschte ein großes Steinkohlevorkommen. Dadurch wuchsen riesige Bäume und es klafften Gebirge zwischen den Landstrecken auf. Die Photosynthese der Pflanzen begünstigte die Entwicklung der tierischen Lebewesen, vor allem der Insekten. Dieser permanente Wandel sorgte für eine erneut stark erhöhte Vulkanaktivität und infolgedessen für ein Massensterben vor allem in den Gewässern. Das dadurch verbreitete Kohlenstoffdioxid und die Wärme verdunsteten das Wasser und reduzierten den Sauerstoffgehalt in den verbliebenen Ozeanen. Die Pole der Erde waren nun zum größten Teil frei von Eis. Erstmalig traten Archosaurier, Mikrofossilien und Schalentiere auf. Das heutige Europa war zu diesem Zeitpunkt von einem subtropischen Klima belegt.

Die ersten Dinosaurier traten vor 235 Millionen Jahren auf. Sie wandelten für 169 Millionen Jahre auf diesem Planeten und entwickelten eine immense Artenvielfalt. Hier entstand auch der Archaeopteryx, der Vorfahre der heutigen Vögel. Gleichzeitig bildeten sich die ersten Säugetiere – durch einen riesigen Meteoriteneinschlag starben sie jedoch von heute auf morgen fast vollständig aus.

Auf den Meteoriteneinschlag folgte ein feuchtes und sehr warmes Klima. Das sorgte für hohen Vulkanismus und die Entstehung der Braunkohle. Quasi aus dem Nichts heraus bildeten sich erneut Säugetiere. Die Erde entwickelte sich weiter. Vor etwa 33 Millionen Jahren entstanden die Alpen und die Rocky Mountains. Außerdem bildeten sich Erdöl und Erdgas. Die Vorfahren der Menschen, die ersten Affenarten namens Oreopithecus, Pliopithecus und Dendropithecus, wandelten über die Erde. Bis zu den ersten Urmenschen dauerte es jedoch noch einige Zeit. Sie nannten sich Homo rudolfensis (vor 2,5 bis 1,8 Millionen Jahren), Homo habilis und schließlich Neanderthaler, der sich vor 1,5 Millionen Jahren entwickelte. Auch der Neanderthaler war bereits vom Reisen begeistert, weshalb eine Auswanderungswelle aus Afrika begann. Diese Reise sowie genetische Mutationen und äußere Einflüsse überlebte jedoch nur der

Homo sapiens. Gleichzeitig besiedelten riesige Säugetiere wie das Mammut die Erde.

Die Menschen entwickelten sich stetig weiter. Etwa 11.700 Jahre v. Chr. begannen sie, Werkzeuge zu entwickeln, die Felder zu bebauen und die Tiere für ihre Zwecke zu nutzen. Die Erde veränderte sich nun bedingt durch das menschliche Handeln, eine Epoche, die bis heute anhält und unter dem Begriff Anthropozän geführt wird.

**Arktis und Antarktis**

Wo wohnen die Pinguine und wo wohnen die Eisbären? Arktis und Antarktis werden gern unter dem gleichen Begriff zusammengefasst, sind aber zwei grundverschiedene Dinge. Die Arktis befindet sich am Nordpol, während sich die Antarktis rund um den Südpol erstreckt. Die nächsten Länder um die Arktis herum sind Finnland, Russland, Norwegen, Schweden, Kanada, Grönland, Alaska und Island. Die Größe der Arktis ist schwankend, da sie je nach Jahreszeit einen Teil des atlantischen Ozeans mit Eis bedeckt – so kann sie zwischen 4 Millionen Quadratkilometern bis zu 13,4 Millionen Quadratkilometern umfassen.

Trotz der Kälte leben hier bis zu 4 Millionen Menschen aus verschiedenen Volksgruppen, etwa die Inuit oder die Jakuten an der russischen Grenze. Aus der tierischen Bevölkerung sind hier vor allem Eisbären, Polarwölfe, Rentiere und Robben zu finden. Das dicke Fell schützt sie gegen die eisigen Temperaturen – in der Arktis können auch schon mal bis zu -50 Grad Celsius herrschen. Die bisher kälteste gemessene Temperatur um den Nordpol herum lag bei -70 Grad. Selbst im Sommer wird es nicht wirklich warm – maximal 10 Grad über null sind möglich. Bedingt durch die geographische Lage wird es im Sommer jedoch nie so richtig dunkel.

In der Arktis finden Sie die berühmten Polarnächte, an denen sich bunte Schleier über den Himmel ziehen. Im Gegensatz dazu steht der arktische Winter – von Oktober bis März ist es in der Arktis sehr düster.

Die Antarktis befindet sich zwischen Chile, Argentinien, Südafrika, Neuseeland und Tasmanien. Mit einer Fläche von rund 14 Millionen Quadratkilometern sticht sie selbst in der Sattelitenansicht heraus. Während die Arktis in ihrer Größe stetig schwankt, ist die Antarktis nahezu vollständig und dauerhaft mit Eis bedeckt und birgt unter dieser Schicht ein Dreiviertel des gesamten Süßwasservorrats der Erde. Bedingt durch diese Unmengen an Eis ist es auch nicht möglich, die Antarktis vollständig zu erforschen. Die hier lebenden Menschen sind vorwiegend Forscher aus verschiedenen Ländern der Erde – im Winter etwa 1.000, im Sommer bis zu 3.500. Da die Antarktis der kälteste Kontinent der Welt ist, ist auch die Fauna nur rar vertreten. Bei den eisigen Temperaturen von durchschnittlich -55 Grad Celsius können sich nur Robben und Kaiserpinguine halten. Der Kälterekord mit -98,6 Grad Celsius wurde ebenfalls in der Antarktis gemessen. Er stammt aus dem Jahr 2018 von einem Hochplateau auf etwa 3.500 Metern Höhe. Die Polarnächte und Polartage finden Sie auch hier – das heißt, dass es entweder dauerhaft hell oder dauerhaft dunkel ist.

**Wie entsteht das Wetter**

Viele Menschen behaupten von sich, wetterfühlig zu sein. Einige sind es tatsächlich. Neben den verschiedenen Jahreszeiten kommt es selten vor, dass ein Tag so wie der andere wird. Während heute die Sonne scheinen kann, ist es gut möglich, dass es am nächsten Tag hagelt oder regnet.

Das Klima besteht aus Hoch- und Tiefdruckgebieten. Tiefdruck herrscht immer dort, wo aufsteigende Luftmassen vom Boden in die Atmosphäre für eine Senkung des Luftdrucks sorgen. Indem die Luft aufsteigt, kühlt sich die Umgebung ab. Gleichzeitig bilden sich nun Wolken, die für Schnee oder Regen sorgen. Diese Wolken bilden sich in einer Höhe von 300 bis 1.500 Metern und füllen sich durch kondensierte Wasserpartikel, die später als Regen auf uns niederfallen. Bei Hochdruck passiert genau das Gegenteil – im Frühjahr und Sommer erleben wir dann sonnige Tage. Im Herbst und Winter können die sinkenden Wolken für Nebel

sorgen. Grundlegend gibt es 6 verschiedene Arten von Wolken. Graue und tief hängende Regenwolken werden Stratus genannt, während Cumuluswolken auffällig flauschig erscheinen und auch Schönwetterwolken genannt werden. Sie entstehen auf 2.000 Metern Höhe. Ebenfalls harmlos sind die Schäfchenwolken, während feine Federwolken gern Regen ankündigen. Auf sie folgen meist dünne und graue Schichtwolken oder, im extremsten Fall, Nimbuswolken, die sehr tief hängen und durch ihre dunkle Farbe und den aufziehenden Wind auffallen.
Prallen zwei solcher Gebiete aufeinander, entsteht eine sogenannte Wetterfront und es kommt zu einem Gewitter. Die Wolken von Hoch- und Tiefdruck reiben sozusagen aufeinander und schieben sich zusammen. Da in einer Wolke diverse Teilchen wie Staubkörner, Wassertropfen, Eiskristalle und verschiedene Moleküle enthalten sind, entstehen elektrische Spannungen, die wir dann als Blitze wahrnehmen. Diese Blitze entladen sich mit einer Spannung von bis zu 3 Millionen Volt – zum Vergleich, eine Steckdose liefert Ihnen Strom mit 220 Volt – und misst knapp 28.000 Grad Celsius. Durch die schnelle Erwärmung der Luft um den Blitz herum hören wir einen Donner. Dieser kann bis zu 120 Dezibel laut sein. Eine Gewitterwolke kann bis zu 100 Millionen Tonnen Wasser enthalten. Weltweit gibt es pro Minute zwischen 1.700 und 1.800 Gewitter. Möchten Sie die Entfernung eines Gewitters berechnen, geht das ganz einfach. Sie müssen lediglich die Sekunden zwischen dem Blitz und dem Donner zählen. Eine Sekunde steht für etwa 300 Meter Entfernung. Hören Sie keinen Donner, ist das Gewitter noch mehr als 16 Kilometer von Ihnen weg. Die Wahrscheinlichkeit, von einem Blitz getroffen zu werden, ist jedoch sehr gering, in Deutschland sind es jährlich zwischen 30 und 50 Personen.

Neben verschiedenen Wolken können auch unterschiedliche Luftströme aufeinandertreffen. Trifft kühle Polarluft in niedriger Höhe auf den lauen Wind der Tropen, entsteht ein Tornado. Er saugt die wame Luft von unten nach oben und schafft so den typischen Auftrieb. Der bisher schlimmste Tornado entstand im Jahr 1925 in Missouri und zog sich über

Illinois und Indiana. Dabei starben über 600 Menschen.

Die extreme Variante eines Tornados, also ein Hurrikan oder Taifun, entsteht meistens über den Ozeanen oder Meeren in der Nähe des Äquators. Durch die Wärme verdunstet das Wasser und steigt nach oben, wodurch Wolken und rotierende Winde erzeugt werden. Es handelt sich jedoch erst dann um einen Hurrikan, wenn die Windgeschwindigkeit mehr als 119 Kilometer pro Stunde beträgt. Wenn er sich seinen Weg vom Meer aufs Land sucht, bringt er große Mengen Regen mit sich.

## BIOLOGIE

Die Biologie, oder auch Naturkunde, befasst sich mit allen Themenbereichen, die das menschliche, tierische und pflanzliche Leben behandeln. Angefangen bei den Organen des Menschen über die Frage, wie Fische unter Wasser atmen können – all diese Fragen werden in diesem Fachbereich behandelt und geklärt. Sie klärt die Frage, warum wir ausschließlich unter solchen Umständen auf der Erde leben können und was passieren würde, wenn sich aus dem Nichts die Umlaufbahn verschiebt.

Die Erde zeichnet sich vor allem durch Leben aus. Für die Definition von Leben selbst gibt es 6 Voraussetzungen, die erfüllt werden müssen: Wachstum, Stoffwechsel, Bewegung aus eigener Kraft heraus, Reizbarkeit und Verhalten, Fortpflanzung und Entwicklung sowie die Möglichkeit des Aufbaus aus Zellen. Alle Lebewesen werden in 5 Kategorien unterschieden: Die kernlosen Einzeller oder auch Bakterien, Einzeller mit Zellkern, Pilze, Pflanzen und Tiere.

### Bakterien

Bakterien bilden den Grundbaustein für jede Lebensform. Selbst ein Mensch, so reinlich er auch sein möge, hat in seinem Körper mehrere Millionen davon. Dabei handelt es sich jedoch nicht in jedem Fall um Krankheitserreger, sondern um einzellige Mikroorganismen, die schon lange vor dem menschlichen und tierischen Leben auf der Erde existierten. Bedingt durch ihre geringe Größe, die extreme Anpassungsfähigkeit und die rasante Vermehrung besiedeln sie nahezu alle vorhandenen Lebensräume. Meist dienen sie als Symbiosepartner im Tier- und Pflanzenbereich. Das bedeutet, dass sowohl die Bakterie als auch das Tier einen Nutzen tragen. Ein Beispiel dafür ist der Rinderdarm. Hier leben unzählige Bakterien, die sich von der aufgenommenen Nahrung ernähren. Im Gegenzug sorgen sie für den Abbau von Zellulose. Bakterien sind heterotroph. Das heißt, dass sie Nahrung benötigen, um die organischen Stoffe, die sie zum Aufbau ihres Körpers und der Energiegewinnung benötigen, zu erhalten. Sie können die Energiegewinnung sowohl unter anaeroben Bedingungen, also ohne Zufuhr von Sauerstoff wie bei einer Gärung, als auch unter aeroben Bedingungen, also bei Zellatmung, ausführen.

**Der Mensch**

Der menschliche Körper ist ein faszinierender und umfangreicher Organismus. Im Gegensatz zu einer Bakterie enthalten die im Körper vorhandenen Zellen einen tatsächlichen Zellkern. Eine menschliche Zelle wird auch Eukaryotenzelle genannt. Die Zellmembran reguliert den Sauerstofftransport zwischen Zellplasma und Außenraum. Im Zellplasma finden die meisten Stoffwechselvorgänge statt. Der Zellkern enthält alle Erbinformationen, also die DNA, und steuert die Zelle zeitgleich. Innerhalb einer Zelle gibt es ein Transportsystem, das auch endoplasmatisches Retikulum genannt wird. Außerdem gibt es noch Ribosomen, Dictyosomen und Mitochondrien. Ribosomen stellen Eiweißstoffe her, Dictyosomen produzieren andere Stoffe, speichern und transportieren sie, während Mitochondrien als Kraftwerke der Zelle gelten, indem sie durch Zellatmung Energiestoffe gewinnen und transportieren. Schließen sich gleichartige Zellen zusammen, entsteht ein Gewebe, wie zum Beispiel unsere Muskulatur.

Der menschliche Organismus besteht aus 21 Elementen, beziehungsweise Grundstoffen, die unsere Organe und Gewebe bilden. Den größten Teil machen Sauerstoff und Kohlenstoff aus, während sich jedoch auch unter anderem Schwefel, Kalium, Magnesium, Zink und weitere Elemente finden lassen. Das Skelett besteht aus 206 bis 212 Knochen mit über 120 Gelenken. Bei der Geburt verfügt der Mensch sogar über 300 Knochen, von denen aber viele im Laufe des Lebens zusammenwachsen. Der Oberschenkelknochen ist dabei sowohl der längste als auch der schwerste Knochen. Dieses Skelett wird von Muskeln gestützt – insgesamt sind es 650 Stück. Muskeln sind schwer, weshalb sie zwischen 37 - 57 % bei Männern und 27 – 43 % des Körpergewichts bei Frauen einnehmen. Der kräftigste Muskel befindet sich am Kiefer und wird immer dann trainiert, wenn wir kauen. Insgesamt hat er eine Beißkraft von etwa 80 Kilogramm. Der größte Muskel befindet sich rund um die Wirbelsäule. Versorgt werden diese Muskeln unter anderem über die Luft, die wir einatmen. Pro Minute atmet ein Mensch im Schnitt 15 Mal ein und aus.

Unsere DNA legt fest, mit welchen Voraussetzungen wir ins Leben starten. Lustigerweise unterscheidet sie sich von der der Schimpansen nur um 1,4 Prozent. Sie hat die Form einer verdrehten Leiter, die auch Doppelhelix genannt wird.

Einige lustige Fakten über den Menschen – sie gehören vielleicht nicht unbedingt zum Allgemeinwissen, sorgen jedoch dafür, dass Sie bei Diskussionen mit ein bisschen Witz und ungewöhnlichen Details punkten können:

Kinder haben nicht nur mehr Knochen – sie lachen auch mehr, etwa 300 Mal pro Tag. Bei einem Erwachsenen reduziert sich die Zahl auf 20 Mal. Wenn wir lachen, bewegen wir dabei etwa hundert Muskeln. Nur 18 davon befinden sich im Gesicht.

Ihr Daumen hat die gleiche Länge wie Ihre Nase. Ihre Fingernägel wachsen unterschiedlich schnell – am Daumen deutlich langsamer als am Mittelfinger.

Wenn Sie das nächste Mal vom Abendessen gesättigt auf dem Sofa liegen und das Gefühl haben, durch den vollen Magen nichts mehr mitzubekommen, ist das völlig normal – wenn Sie satt sind, hören Sie tatsächlich weniger. Außerdem macht sich die Werbeindustrie Ihren Appetit zunutze. Die meisten Fast-Food-Ketten arbeiten deshalb mit der Farbe Rot, weil sie beim Menschen ein Hungergefühl auslöst.

Je intelligenter ein Mensch ist, desto mehr Kupfer und Zink ist in den Haaren enthalten. Davon verlieren Sie übrigens täglich zwischen 40 und 100 Stück.

Die älteste Person, die jemals gelebt hat, stammt aus Frankreich. Sie wurde 122 Jahre und 164 Tage alt.

## Die Organe des Menschen

Der Mensch ist ein organisches Lebewesen. Das bedeutet, dass wir die verschiedenen Bestandteile unseres Körpers zum Überleben benötigen. Sie können sich einen Menschen wie einen Computer vorstellen – das Gehirn ist die Schaltzentrale, das Herz der Arbeitsspeicher und die verschiedenen Blutbahnen sind die Leiter, die Informationen und Impulse im Körper umherkreisen lassen und alles versorgen und vernetzen. Organe entstehen immer da, wo mehrere Gewebe existieren, deren Einzelfunktionen aufeinander abgestimmt sind und so eine übergeordnete Aufgabe erfüllen.

Das mit Abstand größte Organ ist die Haut. Ein durchschnittlicher Erwachsener besitzt eine Hautoberfläche mit einer Größe von rund 1,7 Quadratmetern. Mit 10 bis 14 Kilogramm ist es zeitgleich auch das schwerste aller Organe. Neben Nase und Mund atmen wir zeitgleich über die Haut, weshalb sie insgesamt mit rund 2,4 Millionen Schweißdrüsen übersäht ist. Als Organ hat sie vielfältige Aufgaben: Sie nimmt Reize auf, schützt uns vor Umweltfaktoren wie Infektionen, wirkt wärmeregulierend und arbeitet als Sinnesorgan, indem sie Druck, Wärme, Kälte und Schmerz empfinden und weiterleiten kann.

Obwohl wir eine Vielzahl an Organen besitzen, sind nur 6 davon überlebenswichtig. Dazu zählen das Gehirn, das Herz, die Haut sowie Lunge, Leber und Nieren.

Das Gehirn ist das vermutlich komplexeste bekannte System innerhalb der Biologie. Bis heute ist es nicht vollständig erforscht worden – viele Teilbereiche funktionieren einfach, ohne dass der Hintergrund wissenschaftlich erklärbar ist. Das weibliche Gehirn ist mit 1,24 Kilogramm etwa 100 Gramm leichter als das eines Mannes. Da es den ganzen Tag und selbst nachts aktiv arbeitet, benötigen wir ein Viertel der im Körper vorhandenen Energie nur, um es zu betreiben. Innerhalb des Gehirns arbeiten durchschnittlich 19 Milliarden Nervenzellen und 100 Billionen Synapsen. Würden Sie die Nervenbahnen des Gehirns aneinanderlegen, müssten Sie etwa 145 Mal die Erde umrunden. Sie messen eine Länge von 5,8 Millionen Kilometern. Grundlegend wird zwischen Großhirn, Kleinhirn, Zwischenhirn und Hirnstamm unterschieden. In seinen vielfältigen Aufgaben verarbeitet das Gehirn Sinneseindrücke, dient uns als Speicherplatz für Wissen und Informationen und koordiniert Verhaltensweisen.

Das Großhirn übernimmt dabei die Aufgaben der Wahrnehmung, des Denkens und nachfolgenden Handelns. Das Zwischenhirn verarbeitet Emotionen wie Angst, Wut oder Liebe. Im Kleinhirn befindet sich das Koordinationszentrum. Es sorgt also dafür, dass Sie beim Laufen das Gleichgewicht behalten und nicht einfach umkippen. Neben den verschiedenen Bereichen wird das Hirn zusätzlich in eine linke und eine rechte Hälfte unterteilt. Die linke Hirnhälfte sorgt für rationales Denken, speichert Zahlen und Daten ab und steuert das Sprachzentrum. Die rechte Hälfte, also die, die auch bei Kindern am aktivsten arbeitet, erkennt Farben, Musik und Bilder und ist daher eher kreativ gelagert.

Das Herz ist ein muskuläres, etwa faustgroßes Hohlorgan. Es wiegt zwischen 300 und 350 Gramm und besteht aus zwei Hälften mit jeweils einem Vorhof und einer Kammer. Innerhalb eines menschlichen Lebens schlägt es bis zu 3 Milliarden Mal. Es hat die Aufgabe, das Blut durch unseren Körper zu pumpen und ist damit sozusagen der Motor der menschlichen Existenz. Im Ruhezustand fließen durch seine Arbeit etwa 4,9 Liter Blut dadurch – bei großer Anstrengung kann die Menge auf bis zu 25 Liter ansteigen. Die Gesamtlänge aller vorhandenen Blutgefäße beträgt etwa 100.000 Kilometer. Bei den Blutbahnen wird zwischen der Hauptschlagader, auch Aorta genannt, den Venen – also Blutgefäße, die zum Herzen hinführen – und Arterien beziehungsweise Schlagadern, die vom Herzen wegführen, und den Haargefäßen, sogenannten Kapillaren, unterschieden. Insgesamt beherbergen sie zwischen 5 und 7 Liter Blut. Über die Blutbahnen wird sauerstoffreiches Blut aus den Lungen zu den Zellen und kohlenstoffdioxidreiches Blut wieder zurückgeführt.

Gleichzeitig führen sie die Abfallstoffe aus der Verdauung ins Gewebe und bringen die Abfallprodukte zu Niere und Darm, damit sie ausgeschieden werden können. Das Blut selbst besteht aus roten und weißen Blutkörperchen, Blutplättchen sowie Blutplasma. Das Plasma transportiert Nähr- und Abfallstoffe. Rote Blutkörperchen transportieren Sauerstoff und Kohlendioxyd, weiße Blutkörperchen oder auch Leukozyten wehren Krankheitserreger ab und die Blutplättchen sind für die Gerinnung des Blutes zuständig. Die Leukozyten werden allerdings nicht innerhalb der Blutbahnen, sondern in der Milz gebildet. In diesem Organ werden auch Blutplättchen und rote Blutkörperchen aussortiert, die ihrer Aufgabe nicht mehr gerecht werden – nach etwa 120 Tagen werden diese regelmäßig erneuert. Außerdem bekämpft sie körperfremde Stoffe wie Viren und Antigene. Ursprünglich ist die Milz etwa halb so groß wie eine Postkarte. Vergrößert sie sich, kann das ein Anzeichen für Leukämie oder Malaria sein.

Die Aufgabe der Lunge ist wohl jedem klar – sie sorgt dafür, dass wir atmen können, indem sie sauerstoffreiche Luft aufnimmt und kohlenstoffdioxidreiche Luft abgibt. Insgesamt wiegt sie etwa 1 Kilogramm und misst eine Oberfläche zwischen 80 bis 120 Quadratmetern. Sie funktioniert dank der etwa 400 Millionen Lungenbläschen, die die Bestandteile der

Luft aufnehmen und filtern können. Wenn Sie atmen, nehmen Sie pro Minute zwischen 5 und 8 Liter Luft in sich auf. Das wichtigste Organ bei der Unterstützung dieser Aufgaben ist das Zwerchfell, da es 60 bis 80 Prozent der eingeatmeten Luft über die Bronchien in die Lungen transportiert. Wenn Sie Schluckauf haben, hat sich übrigens Ihr Zwerchfell verkrampft.

Die Leber ist die größte Drüse innerhalb des menschlichen Körpers und mit vielfältigen Aufgaben belegt. Zum einen speichert sie die Energievorräte des Körpers, wie Kohlenhydrate und Vitamine, gleichzeitig sorgt sie jedoch auch für Entgiftung und baut Nährstoffe ab. Sie regelt den Fett- und Zuckerstoffwechsel, produziert die für die Verdauung benötigte Galle und alle lebenswichtigen Eiweißsstoffe, die das Blut beispielsweise zur Gerinnung benötigt. Wenn Sie Alkohol trinken, baut die Leber 90 Prozent der enthaltenen gefährlichen Stoffe ab. Die restlichen 10 Prozent werden über Niere und Lunge ausgeschieden. Die Leber besteht ebenfalls aus einer linken und rechten Hälfte mit jeweils über 100.000 kleinen Blättchen. Von Geburt an besitzt jede gesunde Person zwei Nieren – wenigstens eine davon benötigen Sie zum Überleben. Sie sitzen links und rechts neben der Wirbelsäule und sehen ein bisschen so aus wie eine Kidneybohne. Obwohl sie jeweils nur 150 Gramm wiegen, übernehmen sie immens große Aufgaben. Die mehr als 1,2 Millionen Nierenkörperchen filtern täglich rund 1.600 Liter Blut. Dabei trennen sie Abbauprodukte aus dem Eiweißstoffwechsel, also Harnstoffe und Harnsäure, körpereigene und körperfremde Giftstoffe. Fremde Stoffe werden später in Form von Harn über die Blase ausgeschieden. Außerdem ist die Niere für den Salz- und Wasserhaushalt des Körpers verantwortlich.

Weitere, ebenfalls wichtige, aber nicht lebensnotwendige Organe sind die Bauchspeicheldrüse, die Blase, der Darm, die Gallenblase, Geschlechtsorgane und im Fall eines weiblichen Körpers auch die Gebärmutter, der Magen und die Schilddrüse. Zudem besteht der Körper aus einem Skelett und Muskeln. Viele Menschen lassen sich im Laufe des Lebens die Bauchspeicheldrüse entfernen, da sie sich entzündet hat. Diese

Personen leiden meistens in späteren Jahren an Diabetes, da die Drüse dafür verantwortlich ist, Insulin und Glucagon zu bilden – beide Stoffe regulieren den Blutzuckerspiegel. Gleichzeitig spaltet es die verschiedenen Verdauungsenzyme sowie Eiweiße, Fette und Kohlenhydrate.

Vor allem Frauen leiden häufig an einer Fehlfunktion der Schilddrüse – meist äußert sich diese Dysfunktion in Energielosigkeit und Erschlaffung der Haut. Das liegt daran, dass die Schilddrüse die Hormone Triiodthyronin und Thyroxin sowie das Hormon Calcitonin produziert, die für den Energiestoffwechsel und das Zellwachstum im gesamten Körper wichtig sind. Außerdem regelt sie den Kalzium- und Phosphathaushalt des Körpers.

## Krankheiten, Epidemien und Pandemien

Mit der modernen Medizin und Technik sowie der allgemeinen Anhebung des Lebensstandards sind im Laufe der Jahrzehnte auch immer mehr Krankheiten zutage getreten, von denen manche mittlerweile schon wieder alltäglich sind. Die häufigste gemeldete Krankheit ist übrigens Karies, worunter weltweit etwa 2,3 Milliarden Menschen leiden. Direkt darauf folgen Kopfschmerzen mit 1,5 Milliarden Betroffenen. In Deutschland werden vorwiegend Rückenprobleme, Bluthochdruck und Fehlsichtigkeit bei den Krankenkassen gemeldet.

Bei allen Krankheiten wird zwischen Virenerkrankung, Infektionserkrankung und körpereigener Erkrankung unterschieden. Virenerkrankungen kennen Sie wenigstens aus dem Kindesalter, da hierunter auch Windpocken, Röteln, Masern, Scharlach und Mumps zählen. Diese Krankheiten sind glücklicherweise alle therapierbar und im Falle von Windpocken und Röteln genießt man anschließend beispielsweise eine lebenslange Immunität. Gefährlicher sind Virenerkrankungen, die bedingt durch Reisen in fremde Länder zu uns gekommen sind und für die es keine Behandlung gibt. Darunter zählt unter anderem das Ebola-Fieber, das in Afrika beheimatet ist und von den hiesigen Tieren übertragen wird. Neben den klassischen Fiebersymptomen zeichnet es sich auch durch innere Blutungen aus.

Deutlich mehr verbreitet sind Infektionskrankheiten. Diese treten regelmäßig auch im Erwachsenenalter auf. Eines der bekanntesten Beispiele ist der Bandwurm, den Sie bekommen können, wenn Sie rohes Fleisch zu sich nehmen. Weniger bekannt ist, dass er sich auch über ungewaschenes Obst und Gemüse übertragen kann. Erkennbar ist er an Gewichtsverlust, Magen- beziehungsweise Darmschmerzen sowie Appetitlosigkeit.

Ich hatte eine Zeit lang regelmäßig Bindehautentzündungen. Sie sind gücklicherweise leicht behandelbar, es ist allerdings nicht wünschenswert, mit verklebten Augen aufzuwachen. Sie kann immer dann entstehen, wenn Bakterien von den Händen in die Augen wandern.

Jedes Jahr kommt früher oder später eine Grippewelle. Die Impfung dafür ist umstritten, da sie entweder für das Entstehen der Grippe oder für eine Resistenz sorgen kann. Bei Menschen mit Vorerkrankungen ist sie sehr gefährlich, da sie in diesem Fall auch tödlich enden kann. Sie gehört zu den fünfthäufigsten Krankheiten in Deutschland. Leider wird sie bedingt durch die Symptome gern mit einer Erkältung verwechselt.
Alle paar Jahre sollten Sie sich gegen Tetanus, oder auch Wundstarrkrampf, impfen lassen. Die Viren finden ihr zuhause in Straßenstaub oder Gartenerde und können im schlimmsten Fall tödlich wirken, wenn sie sich in offenen Wunden ansiedeln. Behandelt werden sie auch nicht mit normalen Antibiotika, sondern mit einem Antitoxin. Die Krankheit erkennen Sie an einem starren Lächeln und Muskelkrämpfen.

Eine der Krankheiten, die die Menschheit nach wie vor in größte Angst versetzt, ist Krebs. Diese Krankheit entwickelt sich nicht durch eine Infektion, sondern durch Mutationen der einzelnen Zellen innerhalb des Körpers. Diese binden sich zusammen und bilden ein Geschwulst, das als Tumor betitelt wird. Es gibt viele verschiedene Arten von Krebs – neben denen der einzelnen Organe kann auch das Blut und die Haut an dieser

Krankheit leiden. Da Zellen über die Blutbahnen im Körper verteilt werden, kann es zu sogenannten Streuungen, auch Metastasen genannt, kommen. Behandelt werden kann Krebs mit Operationen, Strahlen- oder Chemotherapien. Die Heilungschance ist jedoch, je nach Stadium der Krankheit, teilweise sehr gering.

Neben "normalen" Krankheiten gibt es zudem sogenannte Epidemien und Pandemien. Epidemien zeichnen sich durch eine zeitliche und örtliche Begrenzung aus. Als eine der schlimmsten bekannten Epidemien zählt die spanische Grippe von 1918 bis 1920, die weltweit zwischen 40 und 70 Millionen Menschenleben kostete. Im Unterschied dazu verbreiten sich Pandemien, die sich über gesamte Landstriche und Kontinente verbreitet. Darunter fiel beispielsweise die Pest oder auch schwarzer Tod, die sich in Asien, Afrika und Europa ausbreitete und etwa ein Drittel der europäischen Bevölkerung auslöschte. Eine weitere, sehr unbekannte Form ist die Endemie. Hierbei handelt es sich um Dauererkrankungen einer Gesellschaft, da für die jeweiligen Viren nie ein Heilmittel gefunden wurde. Dazu zählt derzeit HIV oder auch Aids. Seit 1980 versuchen Forscher, hierfür ein Heilmittel zu finden. Derzeit gibt es rund 37,9 Millionen Erkrankungen und in den letzten 30 Jahren starben etwa 770.000 Personen daran.

### Die Pflanzenwelt

Abgesehen von Mensch und Tier besteht das Leben auf der Erde aus einer unzähligen Menge von Pflanzen. Ähnlich wie beim Menschen zeichnen sich auch deren Zellen durch einen Zellkern aus. Grundlegend bestehen alle Pflanzenzellen aus einer Zellwand, dem Zellsaft und Chloroplasten. Die Zellwand besteht zum Großteil aus Zellulose und verleiht der Zelle Form und Stabilität. Der Zellsaft wird auch Vakuole genannt. Er speichert Wasser sowie alle darin enthaltenen Stoffe und dient als inneres Skelett der Festigung. Die Chloroplasten sorgen dafür, dass die Pflanze Photosynthese betreiben kann. Sie enthalten das benötigte Chlorophyll. Durch die

Photosynthese sind Pflanzen autotroph. Das heißt, dass sie eigenständig in der Lage sind, anorganische in organische Stoffe zu wandeln. Photosynthese ist sozusagen der Stoffwechselvorgang der Pflanzen. Dabei wird Wasser über die Chloroplasten in die Blätter transportiert.

Das in den Chloroplasten enthaltene Chlorophyll absorbiert das zusätzlich benötigte Licht. Nun werden Licht, Wasser und Kohlendioxyd in Sauerstoff und Glucose umgewandelt. Die Glucose wird anschließend von der Pflanze in Stärke umgewandelt, um die Synthese von Eiweißstoffen und Fetten durchzuführen, die für die Energiegewinnung benötigt werden. Der Grund für diese Umwandlung besteht darin, dass Stärke schwerer löslich ist als Zucker und die Pflanze so auch bei Wasserverlust durch fehlenden Regen weiterhin Energie gewinnen kann. Als Nebenprodukt und durch die Aufnahme des Kohlendioxyds und dessen Reinigung scheidet die Pflanze Sauerstoff aus, den wir wiederum zum Atmen benötigen.

Naturwissenschaftler fanden heraus, dass es derzeit auf der Welt allein 60.065 bekannte Baumarten gibt – 90 davon in Deutschland. Insgesamt wachsen weltweit etwa 3 Billionen Bäume. Der größte Teil davon steht in Russland auf einer Fläche von rund 8,1 Millionen Quadratkilometern. Der älteste Baum der Welt steht in Schweden. Er trägt den Namen Old Tjikko und besteht seit über 9.500 Jahren. Er ist jedoch nicht der höchste Baum. Diesen Rang führt ein Küstenmammutbaum in Kalifornien an, der über 115 Meter hoch ist.

Viele der vorhandenen Pflanzen dienen uns als Nahrungsgrundlage. In diesem Bereich wird zwischen Obst und Gemüse unterschieden. Obst steht als Sammelbegriff für Früchte und Samen, die aus der Blüte mehrjähriger Pflanzen entstehen. Darunter zählen beispielsweise Äpfel oder Birnen. Gemüse ist hingegen nur ein essbares Pflanzenteil, der nur ein einziges Mal fruchtet. Von dieser Unterteilung gibt es Ausnahmen, beispielsweise Tomaten, Zucchini, Gurken oder Paprika. Obwohl sie zum Gemüse gezählt werden, haben sie einen Träger, der es erlaubt, mehrfach von der gleichen Pflanze zu ernten – streng genommen müssten sie also zum Obst gehören. Aufgrund ihrer fehlenden Süße werden sie unter dem Sammelbegriff "Fruchtgemüse" geführt.

Eine weitere Besonderheit bilden Erdbeeren. Sie zählen nicht zu den Beeren, sondern zu den Sammelnussfrüchten oder auch Scheinfrüchten, da die Frucht nicht aus dem Fruchtknoten, sondern aus dem Blütenboden herauswächst.

Alle Lebensmittel, die wir zu uns nehmen, nähren uns durch ihre enthaltenen Vitamine und Mineralstoffe. Vitamin A wird beispielsweise benötigt, um Zellen wachsen zu lassen. Außerdem fördert es den Sehnerv und den Zahn- und Knochenaufbau. Es ist unter anderem in Milchprodukten, Karotten oder Paprika enthalten. Die B-Vitamine setzen Energie frei und sorgen generell für den Energiestoffwechsel. Sind Sie beispielsweise oft müde, haben Kopfschmerzen oder fühlen sich gestresst, kann es sein, dass Sie an Vitamin B1-Mangel leiden. Dann hilft die Nahrungsaufnahme von Hülsenfrüchten, Fisch, Milch oder Kartoffeln. Vitamin C versorgt das Immunsystem und regelt das Wachstum. Ein weiteres wichtiges Vitamin ist die Folsäure, da sie das Nervensystem stärkt und die Bildung der roten Blutkörperchen fördert. Fehlt Ihnen Vitamin D, haben Sie meist zeitgleich einen Mangel an Kalzium und Magnesium. Dadurch werden die Knochen und Nägel instabil. Bei Schilddrüsenfehlfunktionen wird auf dem homöopathischen Weg zu Jod geraten, da es Stoffe zur Regelung der Schilddrüsenhormone enthält. Neben Salz finden Sie Jod auch in Trinkwasser, Krustentieren und Seelachs.

Da der Mensch nicht dazu in der Lage ist, alle benötigten Mineralien und Vitamine in ausreichender Menge aus eigener Kraft herauszuproduzieren, müssen Sie durch eine ausgewogene Ernährung dieses Defizit ausgleichen.

## WISSENSCHAFT UND TECHNIK

Bei vielen neuen Erkenntnissen vertrauen wir erst darauf, wenn sie wissenschaftlich fundiert und bestätigt sind. Im Laufe der Menschheitsgeschichte gab es viele herausragende Persönlichkeiten, mit Hilfe deren Entdeckungen wir das Leben führen können, das wir heute kennen. Auch die Technik ist aus dem heutigen Alltag nicht mehr wegzudenken. Wir sind immer und überall vernetzt – und auch wenn es teilweise schon fast krankhafte Züge annimmt, ist es in vielen Bereichen doch deutlich einfacher, eine E-Mail zu schreiben oder anzurufen, als für eine einfache Frage den Weg auf sich zu nehmen oder einen Brief aufsetzen zu müssen.

**Wissenschaftler aus der Medizin, Biologie und Psychologie**

Eines der häufigsten Probleme im Alter besteht darin, dass wir vergesslich werden. Die dazugehörige Krankheit nennt sich Alzheimer und wurde 1901/1902 vom deutschen Mediziner Alois Alzheimer erstmalig diagnostiziert. Dafür untersuchte er eine in der Irrenanstalt lebende Patientin. Nach ihrem Tod fand er in deren Hirnrinde Plaques und Neurofibrillen und veröffentlichte diese Ergebnisse.

Der erste Nobelpreisträger der Medizin war Emil Behring. Er entwickelte Heilmittel gegen Diphterie und Tetanus und wurde auch "Retter der Kinder" genannt.

Paul Ehrlich gilt als Erfinder der Chemotherapie und Forscher der Immunität. In seiner Seilkettentheorie untersuchte er Blutkörperchen und entdeckte die Bildung von Antikörpern. Außerdem fand er die Erreger der Schlafkrankheit sowie von Syphilis und konnte das erste Heilmittel dafür entwickeln.

Der Brite Sir Alexander Fleming entdeckte 1928 die auflösende Wirkung, die aus dem Saft eines Schimmelpilzes entsteht. Damit konnte er das Heilmittel Penicillin entwickeln und so viele, bis zu diesem Zeitpunkt tödliche Infektionen heilen.

Siegmund Freud gilt als Vater der Psychoanalyse. In seinen Theorien wird der Mensch entweder von seinem Geschlechts- oder seinem Todestrieb geleitet. Dazwischen befinden sich Verdrängung, das

Unterbewusstsein, das Ich, Neurosen und das Über-Ich. Auch seine Theorien finden bis heute Anwendung.

Charles Darwin gilt als Vater der Evolutionstheorie. Er reiste vier Jahre um die Welt, um Fossilien zu studieren und fand dabei heraus, dass sich Lebensformen an geänderte Umwelteinflüsse anpassen können und in der Natur das Gesetz des Stärkeren gilt. Dennoch war es eigentlich Jean Lamarck, der die erste Abstammungstheorie entwickelte. Er entdeckte die "wirbellosen Tiere" und stellte fest, dass Arten sich anpassen können.

Werner von Helmholtz untersuchte Gärung, Fäulnis und Wärmeproduktion von Lebewesen. Dabei fand er heraus, dass Energie zwar wandelbar ist, jedoch niemals verloren geht – er ist sozusagen der Grund für den Spruch "Aus jedem Tod entsteht neues Leben".

Felix Hoffmann forschte während seiner Arbeit in einer Fabrik mit Tanninen, Acetalen und Salicylsäure nach neuen Medikamenten. 1897 gelang ihm eine Synthese aus diesen Stoffen, die wir heute als Aspirin kennen. Außerdem gelang es ihm, aus Morphin und Acetanhydrid Heroin zu produzieren, welches lange Zeit als Schmerz- und Hustenmittel vermarktet wurde.

Edward Jenner gelang es im Jahr 1796 erstmalig, ein Kind mit Hilfe eines Kuh-Pockenerregers gegen echte Pocken zu impfen. Damit gilt er als Begründer der Pockenschutzimpfung.

Robert Koch, nach dessen Namen viele Institute benannt sind, konnte durch mühsame und langwierige Tierexperimente verschiedene Sporen, Bakterien und Erreger der Krankheiten Cholera, Pest, Tuberkulose, Malaria und Milzbrand finden und somit die Grundlage für diverse Heil- und Behandlungsmethoden schaffen.

Konrad Lorenz zählt zu den bedeutensten Verhaltensforschern aller Zeiten. Er forschte mit Graugänsen und legte anhand derer Ergebnisse den Begriff der "Prägung" fest.

Gregor Mendel gilt als Vater der künstlichen Befruchtung. Er kreuzte Erbsen und Bohnen und schuf so erste Erkenntnisse zur Vererbungslehre.

Gleichzeitig entwickelte er die Mendelschen Gesetze.

Dass Operationen im Brustkorb möglich sind, ohne dass dabei die Lunge zusammenfällt, verdanken wir Ernst Sauerbruch. Er entwickelte eine Unterdruckkammer und später auch Arm- und Beinprothesen mit beweglichen Gelenken.

**Wissenschaftler aus Physik, Mathematik und Astronomie**

André Ampère gilt als Begründer der Elektrodynamik. Der französische Physiker entdeckte, dass elektrische Ströme eine anziehende oder abstoßende Wirkung aufeinander haben können und gilt daher als Begründer des Magnetismus. Daher wurde sein Nachname als Bezeichnung für die Stromstärke gewählt.

Der griechische Physiker Archimedes ist zumindest vom Namen her überall bekannt. Neben der Zahl Pi entwickelte er aber auch die Basis für die heutige Integralrechnung, ein Berechnungsystem für große Zahlen, und den Flaschenzug. Bekannt wurde er, indem er herausfand, dass der Rauminhalt eines Körpers der Menge an Wasser entspricht, die er verdrängt, indem er in eine vollgelaufene Wanne stieg. Außerdem war er aktiv in der Kriegs- und Waffentechnik und erfand unter anderem das Katapult.

Aristoteles gilt als Vater der Tierkunde und befasste sich hier mit Wachstum, Fortpflanzung und Vererbung. Außerdem legte er die Methode des exakten Forschens fest und gründete in Athen die erste Universität.

Als Entdecker der Radioaktivität gilt der Franzose Henri Becquerel. Er legte Uransalze auf eine Fotoplatte, die daraufhin schwarz wurde und fand so heraus, dass Uran aus sich selbst heraus strahlt.

1922 erhielt der dänische Physiker Niels Bohr den Nobelpreis für seine Forschungen in der Quantenphysik. Er fand heraus, dass Energie nicht gleichmäßig, sondern portionsweise in sogenannten Quanten fließt. Das wir heute Computer und Smartphones besitzen, verdanken wir dem englischen Mathematiker George Boole. 1854 schuf er das Fundament der modernen Informationstechnologie und für künstliche Intelligenz. Er galt als Wunderkind seiner Zeit.

Die in Polen geborene, jedoch später in Frankreich eingeborene, Marie Curie war eine Bekannte Becquerels und suchte über 45 Monate nach der Strahlung des Urans, von der er ihr erzählt hatte. Sie wurde tatsächlich fündig und konnte die Theorie dadurch beweisen. Gleichzeitig prägte sie das Wort "radioaktiv" und fand die Elemente Plutonium und Radium. Leider starb sie an den Folgen der Strahlungen.

Gabriel Fahrenheit entwickelte bereits 1714 das erste Quecksilber-Thermometer. Der Nullpunkt bei seinem Thermometer war die tiefste Temperatur, die er herstellen konnte: -17,8 Grad Celsius. Seine Fahrenheit-Skala wird bis heute in angelsächsischen Ländern verwendet.

Dem Briten Michael Faraday haben wir es zu verdanken, dass wir während eines Gewitters im Auto vor Blitzen geschützt sind. Er beschrieb 1832 die Grundgesetze zur Elektrodynamik und Elektrostatik und entwickelte den "faradayschen Käfig". Außerdem konstruierte er den ersten Dynamo.

Der Italiener Enrico Fermi baute 1944 den ersten Kernreaktor der Welt. Indem er Uran mit Neutronen beschoss, legte er den Grundstein für die Technologie zur Kernspaltung.

Thomas Edison ist der Erfinder der Glühbirne. Was viele nicht wissen – er besuchte nur drei Monate die Schule, da er Autodidakt war und daher lieber experimentierte. Neben der Glühbirne erfand er auch das Grammophon, das Mikrophon und das Filmaufnahmegerät.

Albert Einstein ziert bis heute diverse Comics und Schulbücher. Er entwickelte zwei Relativitätstheorien, die das Verständnis von Raum, Zeit und Masse neu definierten. In seinen Theorien beschrieb er, dass die Lichtgeschwindigkeit die einzige Konstante darstellt – alles andere verändert sich je nach Betrachtungspunkt. Außerdem legte er fest, dass jede Materie und vorhandene Masse aus Energie besteht. Diese Erkenntnis schuf die Grundlage für den Bau der ersten Atombombe.

Galileo Galilei ist der Begründer der Mechanik, Akustik und Dynamik. Er baute eine Art verbessertes Fernrohr und konnte so erstmals die Mondoberfläche betrachten und Sterne erkennen, die bis dato nicht sichtbar waren. Er entdeckte Fall-, Wurf- und Pendelgesetze und beschäftigte sich zudem mit Gasen, wodurch er herausfinden konnte, dass auch unsere Luft eine Masse besitzt und damit als Materie gilt.

Fritz Haber entwickelte die Ammoniaksynthese, die bis heute in der Landwirtschaft zur Herstellung von Sprengstoff genutzt wird. Außerdem entwickelte er den ersten funktionierenden Katalysator.

Stephen Hawking gilt als einer der großen Wissenschaftler unserer Epoche. Obwohl er durch die Krankheit ALS an seinen Rollstuhl gebunden war, erforschte er bis zu seinem Tod die schwarzen Löcher des Universums und verfasste mehrere Bücher zu diesem Thema.

Werner Heisenberg begründete die Quantentheorie. Er ging davon aus, dass sich Elektronen nur in sogenannten Quantensprüngen fortbewegen können.

Obwohl James Maxwell die Radiowellen erfand, wurde der Nachname des deutschen Physikers Heinrich Hertz als Maßeinheit für die bis heute geltenden Frequenzen genutzt. Er konstruierte sowohl Sender als auch Empfänger für die bereits entdeckten Radiowellen.

William Kelvin war ein Forscher im Bereich der Thermodynamik. Gemeinsam mit James Joule fand er heraus, dass Gase unter Druck ihre Beschaffenheit verändern und konnte den absoluten Nullpunkt bei -273 Grad ermitteln – hier endet jede Teilchenbewegung. Außerdem legte er die Temperaturskala mit den bis heute bekannten Kelvin-Einheiten fest.

Johannes Kepler schaffte es, einige der Theorien von Galilei zu beweisen. Außerdem entdeckte er die Gesetze zur Planetenbewegung und konnte den Verlauf von Sternenbahnen aufzeichnen.

Bis zum Jahr 1543 herrschte ein anderes Weltbild. Der Grund, warum wir beispielsweise wissen, dass die Erde sich um ihre eigene Achse dreht, während sie die Sonne umkreist, heißt Nikolaus Kopernikus. Er untersuchte die Bewegung von Mond und Erde, ermittelte Fixsterne und revolutionierte so die Weltansicht.

Wilhelm Gottfried Leibniz zählt zu den größten deutschen Wissenschaftlern und Mathematikern. Er führte das Integralzeichen ein und baute 1672 die erste Rechenmaschine, den Vorläufer des Taschenrechners. Sie konnte dividieren, multiplizieren und die Quadratwurzel ziehen. Außerdem entwickelte er ein Dualsystem, das die Vorstufe für die heutige Computertechnik lieferte, erfand ein Gerät zur Windmessung und entwarf Pläne für U-Boote.

Sir Isaac Newton zeichnete sich bereits in frühen Jahren als Genie ab. Bereits während seiner Studienzeit revolutionierte er die Erkenntnisse in Bereichen der Optik, Mechanik und Mathematik. Außerdem berechnete er die Keplerschen Gesetze. Allerdings wurde er bei seinen Berechnungen regelmäßig von der Katze gestört, die entweder zur Tür rein oder raus wollte – weshalb er unter anderem die Katzenklappe erfand.

William Ramsay forschte im Bereich der Atomphysik. Er entdeckte die Edelgase Argon, Krypton Neon und Xenon und entdeckte Helium, indem er Radon beim Zerfall beobachtete. Außerdem fand er eine Methode zur Ermittlung von Atomgewichten.

Kennen Sie die Theorie zu Schrödingers Katze? Hierbei handelt es sich um ein physikalisches Gedankenexperiment vom Physiker Erwin Schrödinger, das ein Paradoxon veranschaulichen sollte. Bei dem Experiment befindet sich eine Katze in einem Karton. Laut Schrödinger kann das Tier, solange man nicht hineinsieht, entweder tot, lebendig oder beides sein. Klarheit erlangt man erst, wenn man sich vergewissert hat. Es entstand, da er vorab an der Wellenmechanik als Grundlage zur Quantenmechanik forschte. Hier stand er vor dem Problem, dass Quanteneffekte im mikroskopischen Bereich nur theoretisch und nicht tatsächlich bekannt waren.

## Technische und architektonische Errungenschaften

Der Airbag wurde im Jahr 1981 in Deutschland erstmals bei Mercedes Benz in seiner S-Klasse verbaut. Von Carl Benz wurde auch das erste motorisierte Fahrzeug überhaupt erfunden. Es gelang ihm schon 1886, ein Dreirad mit einem Verbrennungsmotor zu versehen.

Die erste deutsche Autobahn mit dem Namen Avus, oder auch Automobil-, Verkehrs- und Übungsstraße, führte von 1913 bis 1921 diverse Autos über eine Strecke von 20 Kilometern.

Die DELAG-AG war die erste Fluggesellschaft der Welt. Sie wurde am 16. November 1909 in Frankfurt gegründet. Etwa ein Jahr später beförderte sie mit dem Zeppelin LZ 7 24 Passagiere.

In Großbritannien und einigen anderen Ländern der Welt gibt es nicht ohne Grund Linksverkehr. Bei den Briten wurde er 1835 eingeführt, da die meisten Kutscher ihre Peitschen mit der rechten Hand schwangen und dadurch häufig Passanten verletzten.

Die Lokomotive gehört zu den wichtigsten technischen Erfindungen. Die erste ihrer Art wurde 1804 gebaut. 25 Jahre später fand ein berühmtes Lokomotiv-Wettrennen von Liverpool bis Manchester statt. Der Gewinner fuhr mit einer Geschwindigkeit von 47 km/h.

Die Gebrüder Wright hoben im Dezember 1903 erstmalig mit ihrem Doppeldecker ab – allerdings landeten sie bereits nach 12 Sekunden und 37 Metern Flugzeit. Dennoch gilt dieser Moment als erster kontrollierter Motorflug. Gerüchteweise flog bereits der Deutsche Gustav Weißkopf zwei Jahre zuvor für eine längere Zeit – davon gab es jedoch keine Bildbeweise, womit das Ereignis nicht wissenschaftlich fundiert wurde.

Die erste Fotografie wurde bereits 1826 von Joseph Niépce geschossen – und es existiert bis heute. Glücklicherweise wurde die Technik über die Jahre weiterentwickelt, da die Belichtungszeit damals bereits bei 8 Stunden lag.

Die Geschichte des Telefons gestaltet sich etwas unübersichtlich. Graham Bell meldete für die Erfindung im Jahr 1876 Patent an und gilt somit allgemein anerkannt als Erfinder dieser Technologie. Allerdings stellte ein Italiener namens Antonio Meucci bereits 1860 ein ähnliches Modell in New York vor – jedoch konnte er die Gebühr für die Patentanmeldung nicht zahlen. Gleichzeitig wurde in Deutschland von Philipp Reis zwischen 1858 und 1861 gearbeitet. Er bewies seine Technologie, indem er eine Verbindung zwischen zwei Geräten herstellte und deren Funktion mit dem Satz "Pferde fressen keinen Gurkensalat" bewies.

Im Bereich der Medizin bildete die künstliche Befruchtung einen wichtigen Meilenstein. Das erste Retortenbaby, Louise Brown, kam im britischen Oldham per Kaiserschnitt zur Welt.

Das derzeit höchste Gebäude der Welt ist der Burj Khalifa in Dubai. Er wurde von 2004 bis 2010 gebaut und ragt 163 Etagen mit insgesamt 828 Metern in die Höhe. In der 122. Etage beherbergt es zudem das höchste Restaurant der Welt. Der Architekt dieses Gebäudes heißt Adrian Smith, der unter anderem auch die Petronas Towers entworfen hat. Allerdings ist derzeit ein weiteres Gebäude in der Entstehung, das den Platz in der Weltrangliste anführen wird. Der Jeddah Tower wird derzeit in Saudi Arabien gebaut und soll den Burj Khalifa um vier Etagen überragen. Ursprünglich sollte er 1.600 Meter hoch werden, das war jedoch statisch nicht umsetzbar.

Selbstverständlich ist die Liste an Errungenschaften und Erfindungen lang. Alles, was Sie täglich nutzen und sehen, wurde irgendwann erfunden – sei es Plastik, die Kleidung, die Sie tragen, oder der Fernseher, auf dem Sie jeden Abend Ihre Sendung schauen. Es ist umstritten, ob all diese Erfindungen zum Allgemeinwissen gehören. Wenn Sie sich dafür interessieren, können Sie sich natürlich gern weiterbelesen.

### Antike und moderne Weltwunder

Weltwunder beschreiben die besondersten und herausragendsten Bauwerke oder Standbilder von Antike und Gegenwart. Sowohl aus der Antike als auch aus der Neuzeit haben es jeweils 7 Bauwerke in diese

Rangordnung geschafft.
Alle antiken Weltwunder wurden vor Christus geschaffen. Dazu zählen auch die hängenden Gärten der Semiramis von Babylon. Wer sie in Auftrag gegeben hat, ist jedoch bis heute umstritten.

Auf der griechischen Insel Rhodos befand sich eine 30 Meter hohe, bronzefarbene Statue – der Koloss von Rhodos. Sie überdachte die Hafeneinfahrt der Insel und stellte den Sonnenkönig Helios dar. Allerdings stürzte er durch ein Erdbeben bereits 26 Jahre nach seiner Fertigstellung ins Meer.

In Washington D.C. befindet sich das "House of the Temple". Hierbei handelt es sich um eine Nachbildung des Mausoleums, von dem sich in der heutigen Türkei nur noch Ruinen befinden. Ursprünglich stand hier einst das Grab des Königs Mausolos II.

Die ägyptische Insel Pharos wird von einem riesigen Leuchtturm geprägt. Bis ins 20. Jahrhundert hinein galt er mit etwa 150 Metern Höhe als größter Turm der Welt und wurde in der Zeit von Alexander dem Großen in Auftrag gegeben.

Die Pyramiden von Gizeh gehören nicht nur zu den antiken Weltwundern, sondern sind tatsächlich der Urgroßvater aller architektonischen Meisterwerke. Die Cheops-Pyramide, in der auch der gleichnamige Pharao beerdigt wurde, besteht insgesamt aus 2,3 Millionen Steinen und misst trotz der Tatsache, dass die Wüste immer weiter absinkt, bis heute eine Höhe von 138,75 Metern. Ursprünglich waren es mal 146,59 Meter.

Ephesos war in der Antike eine der bedeutensten und wohlhabensten Städte. Heute gehört es zur Türkei, jedoch befindet sich in dieser Stadt der Tempel der Artemis. Sie war die Göttin der Jagd – daher wurde der Tempel ihr zu Ehren erschaffen, um der Stadt eine Art Statussymbol zu verleihen.

Das letzte antike Weltwunder steht in der griechischen Stadt Olympia. Sie nennt sich Zeusstatue und wurde vom Bildhauer Phidias erbaut. Wie es der Name bereits beschreibt, zeigt sie den Göttervater Zeus.

Die chinesische Mauer ist als modernes Weltwunder wohl jedem bekannt. Alle Abschnitte zusammen besitzen eine Gesamtlänge von 21.196 Kilometern. Der Bau begann bereits 722 v. Chr., der letzte Abschnitt wurde erst im Jahr 1644 während der Ming-Dynastie fertiggestellt.

Die Chichén Itzà, eine Ruinenstätte der Maja, wurde bereits im 5. Jahrhundert erbaut. 1988 wurde sie von der Unesco zum Welterbe erklärt. Die Stätte befindet sich auf der mexikanischen Halbinsel Yukatán.
Die Ansicht der brasilianschen Stadt Rio de Janeiro wird vor allem von einer riesigen Jesusstatue geprägt. Sie trägt den Namen Cristo Redentor und misst insgesamt 30 Meter. Allein der Sockel misst 8 Meter, darin befindet sich eine Kapelle.

In Jordanien befindet sich die Felsenstadt Petra. Sie ist heute verlassen, war jedoch früher die Heimat eines nordarabischen Nomadenstamms.

Ähnlich bekannt wie die chinesische Mauer ist das Kolosseum in Rom. Die Römer bauten es innerhalb von nur 8 Jahren neu auf, nachdem es im großen Brand von Rom 64 n. Chr. abbrannte. Es war das größte Amphitheater seiner Zeit und beherbergte fast 450 Jahre lang Tierkämpfe, Gladiatorenkämpfe und Exekutionen.

Machu Picchu war eine lang verschollene Stadt in Peru. Erbaut wurde sie von den Inkas im 15. Jahrhundert auf 2.430 Metern Höhe. Durch einen Zufall fand sie der deutsche Ingenieur und Landvermesser Augusto Berns im Jahr 1867 wieder. Übersetzt bedeutet Machu Picchu so viel wie "alter Gipfel" und gehört heute zu den beliebtesten Sehenswürdigkeiten Südamerikas.

Als letztes Weltwunder der Neuzeit möchte ich noch das Taj Mahal erwähnen. Es steht in Indien und gilt wohl als größter Liebesbeweis der menschlichen Geschichte. Das Mausoleum wurde vom Kaiser von Indien Shah Jahan in Gedenken an seine große Liebe Mumtaz Mahal errichtet, nachdem sie bei der Geburt ihres 14. Kindes verstarb. Insgesamt misst es 58 Meter Höhe und 56 Meter Breite.

# GESCHICHTE

Die Geschichte der Menschheit reicht seit dem Urknall – alle Themen hier zusammenzufassen, würde also jeden Rahmen sprengen. Es gibt nicht ohne Grund mehrere tausend Seiten zu diesem Thema. Möchten Sie sich mit diesem Bereich weitläufig auseinandersetzen, orientieren Sie sich an Fachbüchern. Ich möchte Ihnen hier nur stichpunktartig einige selektierte wichtige Informationen zusammenfassen. Hierbei handelt es sich um die Themen, die meistens bei Einstellungstests abgefragt werden.

**Die Weltkriege**

Eines der großen Ereignisse der heutigen Bevölkerung waren die beiden Weltkriege. Der Erste Weltkrieg begann im Sommer 1914 und dauerte bis in den Winter des Jahres 1918 und entstand als Resultat aus den langjährigen Spannungen zwischen den damaligen europäischen Großmächten. Neben kolonialen Fragen ging es in diesem Krieg auch darum, die Macht des deutschen Reiches zu schwächen – daher schlossen sich Frankreich, Russland und England zu einer sogenannten Entente, also ein Bündnis, zusammen. Der damalige Herrscher des Deutschen Reiches, William II., strebte eine Weltmachtpolitik an, indem er unter anderem seine Seeflotte ausbaute. Dadurch sah sich Großbritannien bedroht, das bis dato die Flottenherrschaft anführte. Nachdem Italien 1915 und die USA 1917 ebenfalls dieser Koalition beitraten, endete der Krieg recht rapide. Es starben 17 Millionen Menschen.

Während des Zweiten Weltkrieges wurden erstmalig nukleare und chemische Waffen eingesetzt. Zu dieser Zeit war Hitler an der Macht. Als er am 1. September 1939 Polen angriff, war das der Beginn dieses zweiten großen Krieges. Anfangs kämpften Frankreich und China gegen Deutschland, Japan und Italien. Nachdem die Japaner im Jahr 1941 Pearl Harbour attackierten, beteiligten sich auch die USA auf der Seite der Alliierten. Sie wollten vermeiden, dass Hitler Schweden besetzte, um deren Erze zu gewinnen, scheiterten jedoch in ihrem Versuch. Nachdem er Norwegen und Dänemark besetzt hatte, begann er mit dem Blitzkrieg gegen Frankreich. Bereits einen Monat später musste Frankreich einen Waffenstillstand unterzeichnen. Auch England wurde ein Friedensangebot unterbreitet, sie weigerten sich jedoch und kämpften weiter. Die Deutschen scheiterten jedoch erstmalig, als sie versuchten, Afrika zu besetzen. Nun folgte ein Nicht-Angriffs-Pakt zwischen Deutschland und der Sowjetunion. Somit konnten sich die beiden Großmächte sanieren. Hitler brach diesen Bruch jedoch 1941, indem er eine Invasion in die Sowjetunion begann. Nachträglich erwies sich der Feldzug nach Russland jedoch als größter taktischer Fehler, den Hitler jemals gemacht hatte.

Die Soldaten waren der Kälte des russischen Winters nicht gewachsen und unterschätzten die Rote Armee. Nach Kämpfen in Stalingrad und Leningrad gelang es den Russen, die Deutschen zurückzudrängen. 1943 begannen die Alliierten damit, die deutschen Großstädte mit Bomben zu bewerfen. Sie wollten Angst und Terror bei der Zivilbevölkerung schüren. Gleichzeitig begannen sie, von Sizilien und aus der Normandie heraus anzugreifen, wodurch Hitler auf einmal in Mitten eines Dreifrontenkrieges stand. Nachdem Hitler am 30. April Selbstmord begang, unterschrieb Admiral Dönitz am 9. Mai 1945 die Kapitulationserklärung. Die USA und Japan kämpften noch bis August weiter – nach dem Abwurf von zwei Atombomben kapitulierte jedoch auch Japan. Nachdem Deutschland die Kapitulation unterschrieb, wurde die Bildung von demokratischen Parteien in den von Amerika und England besetzten Zonen zugelassen.

Neben der Teilung des Landes in einen West- und einen Ostteil gingen viele Parteien auf ihren Ursprung zurück. Am 23. Mai 1949 wurde ein Grundgesetz mit mittlerweile 149 Artikeln verabschiedet und im Sommer desselben Jahres wurde der erste Bundeskanzler, Konrad Adenauer, demokratisch gewählt. Dieses Amt behielt er bis 1963.

**Das Attentat von Sarajevo**

Einen weiteren geschichtlichen Meilenstein finden Sie in dem Attentat gegen den österreichischen Thronfolger Erzherzog Franz Ferdinand. Aus diesem Attentat heraus entstand die Julikrise und daraus der Erste Weltkrieg.

Seit der Jahrhundertwende gab es zwischen Österreich und Ungarn permanent innerpolitische Spannungen. Die Region galt als Vielvölkerstaat, in dem unter anderem auch Polen, Kroaten und Deutsche lebten. Bedingt durch diese Spannungen formten sich viele extremistische Gruppierungen, die regelmäßig Attentate auf die Regierung ausübten. Nachdem der Erzherzog im Frühjahr 1914 ankündigte, mit seiner Frau die Stadt Sarajevo zu besuchen, fassten drei junge Attentäter den Entschluss, einen erneuten Anschlag auszuführen. Die "schwarze Hand" galt als größte kriminelle Organisation und war eigentlich gegen das Attentat, da sie politische Bedenken hegten, das schreckte die Männer jedoch nicht ab. Selbstverständlich wurde das Ehepaar gewarnt, sie ignorierten diese Aussagen jedoch und trafen am 28. Juni 1914 in Sarajevo ein. Auf dem Weg zum Rathaus wurden sie von Gavrilo Princip, einem bosnischen Gymnasiasten, angeschossen. Sowohl Franz Ferdinand als auch seine Frau erlagen beide den Folgen dieser Verletzungen. Princip versuchte, mit einer Zyankalikapsel Selbstmord zu begehen, überlebte das jedoch. Er starb vier Jahre später im Gefängnis an Tuberkulose.

Infolge dieses Anschlags erklärten Osterreich und Ungarn Serbien den Krieg. Da Serbien mit Russland ein Bündnis hatte, beteiligten diese sich ebenfalls. Das Deutsche Reich stand im Bündnis mit Österreich und kämpfte daher auf dessen Seite. Kurz darauf traten Frankreich und England auf der Seite der Alliierten ein und der Erste Weltkrieg begann.

**Die NATO**

Die NATO, oder auch North Atlantic Treaty Organization, gründete sich am 4. April 1949, also vier Jahre nach Ende des Zweiten Weltkrieges.

Während verschiedene Staaten aus Ost und West während des Krieges gemeinsam kämpften, um Hitler zu besiegen, entstanden nach dessen Beendigung neue Konflikte zwischen den einst Verbündeten. Hintergrund waren die verschiedenen politischen und wirtschaftlichen Interessen zwischen den USA und der Sowjetunion. Daraus entstand auch der Kalte Krieg. Zur Nato zählten anfangs Belgien, Dänemark, Frankreich, Großbritannien, Island, Italien, Luxemburg, Niederlande, Norwegen und Portugal. Im Jahr 1955 trat auch Deutschland diesem Pakt bei. Alle Teilnehmerstaaten verpflichteten sich zu gegenseitigem Beistand im Angriffsfall. Allerdings betraf dieser Beistand auch die ärztliche Versorgung und Lebensmittelhilfen. Ziel dieses Bündnisses war eine dauerhafte internationale Sicherheit und eine Weiterentwicklung der Demokratie sowie eine stärkere Zusammenarbeit auf wirtschaftlicher Ebene. Im Osten wurde die NATO anfangs übrigens Warschauer Pakt genannt.

### Die französische Revolution

Vor der Französischen Revolution war Frankreich ein absolutistischer Staat. Der damalige König, Ludwig XVI., war nicht bereit, seine Macht und Kenntnisse mit den mittelständischen Bürgern zu teilen. Zu dieser Zeit herrschten in Frankreich große Missernten, wodurch die Bauern immer weiter verarmten und zunehmend unzufriedener wurden. Insgesamt dauerte die Revolution von 1789 bis 1799 und unterteilte sich in drei Phasen.

1789 versammelte sich der sogenannte dritte Stand und forderte eine Verfassung, um zukünftig Mitspracherecht zu haben. Der König sah sich zu Reformen gezwungen und schaffte daher das Feudalsystem ab. Außerdem erklärte er die Menschen- und Bürgerrechte und beendete damit die Ständegesellschaft. Nachdem 1791 die französische Verfassung verabschiedet wurde, wurde Frankreich zur konstitutionellen Monarchie. Die Bürger hatten ab sofort Wahlrecht und wurden nicht mehr aus der Gesellschaft ausgeschlossen. Dennoch gab es Koalitionskriege und

Unzufriedenheiten, da die Hungersnot nach wie vor präsent war und der König sich damit nicht beschäftigte, sondern stattdessen die Brotpreise weiter anhob. So kam es 1792 zu dem Sturm auf die Tuileren, wodurch König Ludwig XVI. in Gefangenschaft genommen wurde. Die Jakobiner, eine linksradikal orientierte Polierung, die die Einführung der Republik forderten, konnten sich in der Politik etablieren. Sie sprachen sich für eine Hinrichtung des Königs aus. Sie führten eine Schreckensherrschaft voller Morde, da sie alle politischen Gegner einfach exekutierten. Als Leitbild dieser Gesellschaft galt Maximilien de Robespierre. Als er 1794 von der Opposition hingerichtet wurde, endete die Zeit der Jakobiner.

Nach dem Ende der Jakobiner übernahmen die Girondisten die Macht. Obwohl sie anfangs eine ähnliche Ansicht vertraten, waren sie von der extremen Vorgehensweise abgeschreckt und entschieden sich für eine neutralere Position. 1795 errichteten sie ein Direktorium, in dem vor allem das gehobene Bürgertum vertreten war. Diesem Direktorium unterstand die Legislative. Außerdem machten sie alle von den Jakobinern erfundenen Gesetze rückgängig. In den kommenden vier Jahren verlagerte sich der Mittelpunkt der Revolution aus Frankreich heraus gegen andere europäische Mächte. Zu dieser Zeit lebte auch Napoleon Bonaparte. Er erlangte durch seine Erfolge auf dem Schlachtfeld Bekanntheit und konnte durch einen Staatsstreich im Jahr 1799 zum Oberhaupt werden. Er bezeichnete sich als Konsul, sozusagen also als militärischer Diktator, und erklärte die Revolution für beendet. Mit seinem Regime begann die napoleonische Vorherrschaft in Europa.

### Der Verkauf von Alaska

Wussten Sie, dass Alaska nicht immer zu den USA gehörte? Lange Zeit war es ein Teil des russischen Zarenreiches. Den Amerikanern missfiel das, da sich die Russen dadurch sozusagen auf Sichtweite zu ihnen befanden – es trennten sie lediglich vier Kilometer. Der Verkauf Alaskas an die Amerikaner gilt als der dümmste Deal, den Russland je gemacht hat.

Alaska wurde erst 1741 vom Dänen Vitus Bering entdeckt. Nach ihm wurde auch die Meerenge zwischen Amerika und Asien benannt. Da er jedoch im Auftrag des russischen Zaren unterwegs war, wurde Alaska den Russen zugesprochen. Vier Jahre später trafen die ersten Pelztierjäger in Alaska ein. Sie wüteten so stark, dass sie den hiesigen Bestand beinah ausrotteten. Somit verschwanden sie wieder, einige Siedler blieben jedoch auf dem Land.

Da die Reise aus Sankt Petersburg bis nach Alaska ein halbes Jahr in Anspruch nahm, sank das Interesse der Russen an diesem neu entdeckten Abschnitt rapide. Gleichzeitig hatten die Russen den Krieg gegen das Osmanische Reich, Großbritannien und Frankreich verloren und brauchten Geld. So boten die Russen im Jahr 1859 Alaska hinter geschlossenen Türen zum Verkauf an Amerika und England an. Die Briten hatten daran kein Interesse. Die Amerikaner träumten jedoch von einer durchgehenden Küstengrenze und waren dadurch sehr angetan von dem Gedanken. Kurz darauf begann jedoch der Amerikanische Bürgerkrieg, sodass der Gedanke vorerst verworfen wurde. Nach dessen Beendigung gingen die Verhandlungen weiter. Das Mindestgebot des Zaren lag bei lediglich 5 Millionen Dollar. Nach Verhandlungen einigten sie sich auf 7,2 Millionen Dollar. Heute würde das etwa 120 Millionen entsprechen, in Anbetracht der Tatsache, dass Amerika durch Alaska riesige Ölvorkommen sein Eigen nennt, ein lächerlich geringer Betrag.

Die Bürger Amerikas machten sich über den Kauf lustig – zu dieser Zeit war von den Unmengen an Erdöl und Gold in den Tiefen der Eiswüste noch nichts bekannt. Es sollte lediglich als strategischer Militärstützpunkt genutzt werden. Spätestens nachdem die Amerikaner das Öl fanden, bereute der russische Zar seinen Verkauf – er konnte ihn jedoch nicht mehr rückgängig machen.

### Der erste Präsident der USA

Bis heute feiern die Amerikaner den Tag, an dem George Washington zum ersten Präsidenten Amerikas gewählt wurde – den 4. Februar 1789. Obwohl er durch seinen königlichen Regierungsstil kritisiert wurde, galt er bereits zu Lebzeiten als Nationalheld.

George Washington wurde 1732 in Virginia geboren – zu diesem Zeitpunkt eine britische Kolonie. Sein Vater war Plantagenbesitzer und starb, als er elf Jahre alt war. Von Washingtons Kindheit ist nicht viel bekannt, außer dass er bereits in frühen Jahren in den Grenzkriegen gegen die Indianer kämpfte. Er diente als königlicher Offizier im Britisch-Französischen Kolonialkrieg auf Seite der Engländer von 1754 bis 1763. Washington hatte nie eigene Kinder, heiratete jedoch im Alter von 27 Jahren eine Frau, die zwei Kinder mit in diese Ehe brachte. Durch diese Heirat und das Erbe seines vestorbenen Vaters sowie etwas Talent beim Kauf und Verkauf von Grundstücken galt er als einer der wohlhabensten Männer in Virginia. Ihm gehörte unter anderem auch Mount Vernon, eine riesige Plantage, auf der er später auch starb. Sie wurde von über 300 Sklaven bewirtschaftet. Washington sprach sich zwar während seiner Amtszeit gegen die Sklaverei aus, betrachtete sie jedoch als notwendiges Übel, um Amerika wirtschaftlich stabil zu halten. Aus seiner Ansicht heraus behandelte er die Sklaven nicht als minderwertige Lebewesen, sondern verfügte im Gegenteil sogar darüber, dass alle Sklaven spätestens nach dem Tod seiner Frau entlassen werden sollten.

Da Washington Großgrundbesitzer war, hatte er sehr unter den hohen britischen Steuern zu leiden. Die Regelungen Englands gaben jedoch vor, dass amerikanische Bürger keine politischen Interessen vor der englischen Krone vertreten durften. 1774 revoltierten die Amerikaner gegen die britische Herrschaft und gründeten ein eigenes Parlament, den sogenannten Kontinentalkongress. Washington war eines der Mitglieder. Am 14. Juli 1776 beschloss dieser Kongress die Lösung von Großbritannien und verabschiedete die Unabhängigkeitserklärung. Daraufhin kam es zum Unabhängigkeitskrieg, bei dem Washington schnell zum Oberbefehlshaber erklärt wurde. Da die amerikanischen Soldaten jedoch unerfahren und kaum bewaffnet waren, hätten sie den Krieg wohl verloren, wenn sie nicht von Frankreich gegen ihren Erzfeind England unterstützt worden wären. 1781 gaben sich die englischen Truppen geschlagen. Zwei Jahre später wurde offiziell Frieden geschlossen und die amerikanischen Staaten bekamen ihre Unabhängigkeit. Die 13 Staaten hatten jedoch nun keine einheitliche Regierung mehr, was schnell zu Reibereien führte. Daher trafen sich 1787 13 Vertreter der einzelnen Staaten, um eine Verfassung zu konstruieren. Washington trat für Virginia ein und wurde zum Vorsitzenden dieser Versammlung gewählt. Diese Verfassung ist in Amerika bis heute gültig. 1789 wurde Washington dann mit großer Mehrheit zum ersten Präsidenten gewählt.

Da die Verfassung nur einen Rahmen vorgab, in dem der Präsident weitestgehend beliebig handeln konnte, führte Washington weitere Regelungen ein, die ebenfalls bis heute gelten. Darunter fällt beispielsweise, dass ein Präsident maximal zwei Amtszeiten haben darf oder das Kabinett. So zog sich auch Washington 1797 aus der Regierung zurück. Er verstarb zwei Jahre später an einer Lungenentzündung.

## POLITIK

Im Bereich des Allgemeinwissens stellt Politik meist den unbeliebtesten Faktor dar. Ständig verändern sich die Koalitionen und Bündnisse oder Parteimitglieder. Durch die Politik werden jedoch Maßnahmen ergriffen, die sich direkt auf unser alltägliches Leben auswirken. Daher ist es unerlässlich, sich zumindest in den groben Bereichen damit auszukennen. Um über aktuelle Geschehnisse auf dem Laufenden zu bleiben, sollten Sie sich täglich in der aktuellen Tageszeitung belesen.

### Die Europäische Union und die Währungsunion

Deutschland gehört zur Europäischen Union. Das ist soweit bekannt. Bedingt durch diesen Zusammenschluss kam es 2002 auch zur sogenannten

Währungsunion, also dem Wechsel von der Deutschen Mark auf den Euro. Ich weiß noch, wie traurig ich damals als Kind war – ich hatte nämlich zu diesem Zeitpunkt 100 Mark gespart und hatte von heute auf morgen nur noch 50 Euro. Die D-Mark gab es übrigens seit 1948.

Die EU gründete sich nach dem Zweiten Weltkrieg. Im Jahr 1951 unterschrieben Frankreich, Italien, Deutschland, Belgien, Luxemburg und die Niederlande einen gemeinsamen Vertrag und gründeten so die Europäische Gemeinschaft für Kohle und Stahl. Daraus entstand 1957 ein weiterführender Vertrag, die Europäische Wirtschaftsgemeinschaft, die nun auch Produkte aus Landwirtschaft und Fischerei beinhaltete. Gleichzeitig gründeten die Länder die EAG (oder heute EURATOM), die Europäische Atomgemeinschaft.

Damals wurde davon ausgegangen, dass Atomstrom für die beste Stromversorgung sorgt. Dementsprechend wurden die Forschungen in diesem Bereich vorangetrieben. Insgesamt gab es nun drei Gemeinschaften. Diese beschlossen, sich regelmäßig zu treffen und zu beratschlagen – damit entstand 1958 das Europäische Parlament. 1973 treten Irland, Dänemark und England diesem Bündnis bei. 1975 gründete sich der Europäische Rechnungshof, um die Geldausgaben der drei Gemeinschaften im Blick zu haben. Seit 1979 dürfen die Bürger der Mitgliedsstaaten darüber wählen, wer im Europäischen Parlament sitzt. Davor entschieden das die Politiker eigenständig. In den folgenden Jahren stiegen Griechenland, Portugal und Spanien in die EU ein. Dennoch war die Zusammenarbeit zwischen den Ländern zuweilen schwierig, da viele verschiedene Meinungen aufeinander kamen und Einigungen viel Zeit in Anspruch nahmen. Mit dem Vertrag von Maastricht gab es dann ab dem 7. Februar 1992 keine drei Gemeinschaften mehr, sondern nur noch ein großes Bündnis, unter dem alle Fragen geklärt wurden. Seit diesem Tag wird auch offiziell von der Europäischen Union gesprochen. Es dauerte übrigens 1,5 Jahre, bis ihn alle Länder unterschrieben hatten. Somit trat er am 1. November 1993 offiziell in Kraft. Dieser Vertrag wurde 1999 über den Vertrag von

Amsterdam noch einmal erweitert und verbessert.
Der EU-Vertrag legt den Wechsel der Währung fest. Bis heute haben sich jedoch nur 18 der insgesamt 28 Länder an diesem Währungswechsel beteiligt. Dänemark hat, ergänzend zu den Richtlinien der EU, 1993 über den Vertrag von Maastricht eine Ausnahmeregelung erwirkt. Schweden entschied sich 2003 für eine Volksabstimmung, in der der Euro abgelehnt wurde. Sie verfügen ebenfalls über eine Ausnahmeregelung. Dass die Tschechische Republik, Polen, Rumänien und andere Länder noch keinen Euro haben, liegt daran, dass sie erst seit 2004 zur EU gehören und die Anforderungen bisher nicht erfüllen. Zu diesen Anforderungen zählt beispielsweise, dass der öffentliche Schuldenstand nicht mehr als 60 Prozent des Bruttoinlandsproduktes betragen darf, eine Preisstabilität gewährleistet sein muss, sich an die anderen Staaten anpassen und die Währung muss ebenfalls für wenigstens zwei Jahre in ihrer Wertigkeit konstant bleiben.

Eines der größten Kontroversen der Europäischen Union stellt die Debatte um Griechenland dar. 2010 wurde bekannt, dass das Land sich so hoch verschuldet hatte, dass es seine Kredite nicht mehr bedienen konnten. Die Regelungen der EU sehen jedoch nicht vor, dass ein Land für die Schulden des anderen haftet. Es bestand also die Option, das Land bankrott gehen zu lassen – das hätte jedoch dem Ansehen der Eurozone enorm geschadet. Daher entschieden sich die Regierungen zu dem sogenannten "Griechenlandpaket". Leider folgten kurz darauf auch Spanien, Zypern, Irland und Portugal, die ebenfalls restlos überschuldet waren. Daraufhin wurde ein dauerhafter Rettungsschirm namens ESM, oder auch Europäischer Stabilitätsmechanismus, gegründet. Das enthaltene Geld stammt aus Einzahlungen der einzelnen Mitgliedsstaaten. Durch diesen Fallschirm sollen die jeweiligen Empfänger ihre Finanzen sanieren können und das Geld dann an die einzelnen Staaten zurückzahlen. Irland war mit dieser Refinanzierung bereits erfolgreich.

Bedingt durch die enorme Überschuldung Griechenlands kam es zum sogenannten Fiskalpakt, der die einzelnen Länder zu einem drastischen Schuldenabbau und der Verankerung dieses Abbaus in den jeweiligen Verfassungen verpflichtet. In Deutschland finden sich die Richtlinien in Artikel 109 und 115 des Grundgesetzes. Sie besagen, dass der Bund seit 2016 nur noch geringe und die Bundesländer seit 2020 überhaupt keine Schulden mehr machen dürfen. Gleichzeitig wurde die Bankenaufsicht verstärkt, da Irland, Spanien und Zypern nur in die Krisen rutschten, da sich deren Banken verspekuliert hatten. Mit der "Bankenunion" wurde eine Aufsichtsbehörde geschaffen, die die 200 größten Banken innerhalb der Eurozone kontrolliert. Außerdem wurde sich auf einen Sicherungsfonds geeinigt, der von den Banken selbst finanziert wird und im Falle einer Insolvenz der Absicherung dient. Seit 2011 gibt es zudem das Euro-Plus-Paket. Hierbei verpflichten sich die Regierungen zu konkreten Maßnahmen, um die Länder wirtschaftlich voranzubringen und ihre Wettbewerbsfähigkeit zu erhöhen.

2016 entschied sich die Bevölkerung Großbritanniens für den Austritt aus der EU, den sogenannten Brexit. Dieser ist Anfang des Jahres 2020 offiziell in Kraft getreten – allerdings mit einer Übergangslösung bis Ende 2020, da noch bestimmte Prozesse ausgehandelt werden müssen.

**Fakten über Deutschland**

Deutschland ist ein föderaler Bundesstaat und ein Rechtsstaat. Das bedeutet, dass mehrere einzelne Länder – also die Bundesländer – zu einem Gesamtstaat zusammengefasst werden. Der Gesamtstaat regelt alle Angelegenheiten, die im Interesse des Volkes einheitlich geordnet sein müssen. Alle anderen Belange werden von den einzelnen Ländern geregelt. Das betrifft beispielsweise die schulischen Regelungen und Feiertage. Insgesamt hat Deutschland 16 Bundesländer.

Der 3. Oktober ist ein nationaler Feiertag und der Tag der Deutschen Einheit. Dieser Feiertag besteht seit 1990, als die ehemalige DDR der Deutschen Bundesrepublik beitrat. Der Mauerfall selbst geschah am 9.

November 1989. Die Wand, die Berlin und auch ganz Deutschland in zwei Hälften spaltete, stand seit dem 13. August 1961.
Die Verteilung von Mann und Frau in Deutschland ist etwa ausgeglichen – es leben unwesentlich mehr Frauen hier als Männer. Durch die Zuwanderung kommen jedes Jahr etwa 1,2 Millionen neue Bürger hinzu. Derzeit leben etwa 15 Millionen Menschen mit Migrationshintergrund in Deutschland, die Hälfte davon seit über 20 Jahren. Die durchschnittliche Lebenserwartung liegt hierzulande bei Männern bei 77 und bei Frauen bei 82 Jahren. Das durchschnittliche Alter steigt stetig – mittlerweile ist jeder vierte Bundesbürger über 60 Jahre alt.

Der Deutsche Bundestag wird von allen Personen mit Wohnsitz in Deutschland und einem Alter von über 18 Jahren gewählt. Die Wahl erfolgt alle vier Jahre direkt, geheim und frei. Ein anderer Name für den Bundestag ist auch Parlament. Dieses Wahlsystem soll dafür sorgen, dass die Parteien mit ihren Stimmen gleichmäßig verteilt sind und nicht nur eine einzige Partei die Macht hat. Diese Hürde soll verhindern, dass sich zu viele Splitterparteien im Parlament befinden und eine stabile Regierung gesichert ist. Da die Parteien die Fünf-Prozent-Hürde schaffen müssen, um in den Bundestag eintreten zu können, beinhaltet er aktuell CDU/CSU, die Linken, die SPD, Bündnis 90/Die Grünen, die FDP und die AfD. Die letzte Wahl war 2017 und die CDU/CSU bilden die größte Partei.

Der Bundestag gehört zu den Verfassungsorganen. Abgesehen davon gibt es noch den Bundesrat, das Bundesverfassungsgericht, die Bundesregierung und den Bundespräsidenten. Der aktuelle Bundespräsident ist, ebenfalls seit 2017, Frank-Walter Steinmeier.

Durch den Bundestag wird der Kanzler in einer Mehrheitsabstimmung gewählt. Dieses Amt nimmt seit 2005 Angela Merkel ein. Bundesminister und Bundeskanzler bilden gemeinsam die Bundesregierung. Innerhalb des Bundestages gibt es Fraktionen, Koalitionen und Oppositionen. Eine Fraktion ist eine Gruppe von Abgeordneten innerhalb des Parlaments, die Koalition ist der regierungsbildende Zusammenschluss der

Parteien – derzeit SPD und CDU/CSU – und die Opposition ist der Zusammenschluss der Parteien, die keine Regierung bilden. Die Mitglieder des Bundestages werden von den Bürgern gewählt. Insgesamt gibt es in Deutschland 299 Wahlkreise, dementsprechend auch 299 Abgeordnete.

Der Bundesrat übernimmt die Vertretung in den einzelnen Ländern und wirkt an den Gesetzen mit. Diese Gesetze sollen die Basis des Zusammenlebens sichern und werden vom Parlament final beschlossen. Das wichtigste Gesetz ist dennoch das Grundgesetz. Der bekannteste Artikel stammt aus Artikel 1 (Absatz 1) und besagt, dass die Würde des Menschen unantastbar ist und dass es die Verpflichtung der staatlichen Gewalt darstellt, sie zu schützen und zu achten.

Das Bundesverfassungsgericht kontrolliert die Demokratie. Alle hier getroffenen Entscheidungen gelten auf Basis des Grundgesetzes.

All diese Organe werden auch unter drei Gewalten zusammengefasst. Der Judikative (also den Gerichten), der Exekutive (auch ausführende Verwaltungen wie Bundes- und Landesregierung und Kommunalverwaltung) und der Legislative (die gesetzgebenden Parlamente Bundes- und Landtag und Kommunalparlamente).

In Deutschland herrscht Versicherungspflicht. Das beinhaltet Kranken-, Renten- und Pflegeversicherung. Bei jedem Arbeitnehmer werden diese Beiträge automatisch vom Bruttolohn abgeführt. Durch diese Versicherungspflicht ist Deutschland ein Sozialstaat. Das heißt, er sichert vor Alter, Arbeitslosigkeit, Armut und Tod ab.

### Weitere Fachbegriffe der Politik

Im Laufe der Geschichte gab es diverse verschiedene Regierungs- und Wirtschaftsformen. Einige dieser Fachbegriffe möchte ich Ihnen erklären, damit Sie sie zukünftig in Ihre Kommunikation integrieren können.

Mittlerweile gibt es eine Vielzahl von Industriestaaten. Hierbei handelt es sich um Länder, die den größten Teil ihrer Produkte industriell herstellen und nicht durch beispielsweise Landwirtschaft anbauen.

Befindet sich ein Land im Status zwischen Industrienation und Entwicklungsland, wird es auch Schwellenland genannt.

Länder wie China werden bis heute kommunistisch geführt. Nach diesem Politikkonzept ist allgemeiner Besitz für jeden Menschen frei zugänglich. Jedoch hat auch kein Mensch das Recht auf Privateigentum. Deutschland lebt in einer freien und sozialen Marktwirtschaft. Das dahinterstehende System ist der Kapitalismus. Hier sind die Eigentumsrechte klar definiert und Produktion und Konsum werden über den Markt gesteuert. Außerdem sorgt sie für sozialen Ausgleich. In Deutschland wurde sie von dem ehemaligen Bundeskanzler Ludwig Erhard eingeführt. Abgesehen von diesen beiden Varianten gibt es noch den Liberalismus, eine Weltanschauung, die auf der Freiheit und Gleichheit aller Menschen basiert. Bei großen Firmen gibt es häufig Gewerkschaften. Hierbei handelt es sich um eine Interessenvertretung der Arbeitnehmer, die mit Arbeitgebern beispielsweise über Löhne und Gehälter diskutiert und verhandelt. Auch in der Politik gibt es Interessenvertreter. Sie nennen sich hier jedoch Lobbyisten und machen andere Politiker auf bestimmte Themen aufmerksam und versuchen sich in deren Umsetzung. Ein bekanntes Beispiel hierfür ist die Waffenlobby in den USA.

Für eine Wahl gibt es einen klar definierten Ablauf. Bevor sie beginnen, bekommt jeder Bürger einen Stimmzettel und kann sich entscheiden, ob er persönlich in einem Wahllokal oder per Brief seine Stimme abgeben möchte. Hierbei kann er eine Erst- und Zweitstimme setzen. Mit der Erststimme wird ein Kandidat aus dem eigenen Wahlkreis gewählt. Der Sieger bekommt ein Direktmandat und wird Abgeordneter im Bundestag. Wichtiger ist jedoch die Zweitstimme. Sie entscheidet über die Mehrheitsverteilung der Parteien im Parlament.

## RELIGION

Die meisten Menschen glauben an irgendetwas. Das kann der Glaube an

Geister, die Wirksamkeit bestimmter Kräuter oder ein Leben nach dem Tod sein. Religion steht als Glaube an einen oder mehrere Götter und die damit verbundene Kultur und Lebensform. Mittlerweile ist es ein Sammelbegriff für eine Vielzahl unterschiedlicher Weltanschauungen. Unterschieden wird meist in Christentum, Judentum, dem Islam, Hinduismus und Buddhismus. Darüber hinaus gibt es aber noch eine Vielzahl weiterer kleiner Religionen und Kulten.

### Judentum

Das Judentum ist die älteste der drei großen Weltreligionen. Sie lehrt den Glauben an einen einzigen, überweltlichen Gott namens Jahve.

Abraham gilt als der Stammvater des Judentums. Zur damaligen Zeit herrschte Polytheismus, also der Glaube an viele verschiedene Gottheiten. Der Legende nach soll Gott zu Abraham gesprochen haben. Er versprach ihm viele Nachkommen und außerdem, sein Volk zu mehren und sie in das gelobte Land zu führen. Die einzige Bedingung war, dass er ab sofort nur noch an ihn glauben sollte und die Aufgabe hatte, diesen Glauben zu verbreiten.

Abrahams Sohn Isaak führte diese Linie fort, und sein Enkel Jakob, der später den Namen Israel erhielt, hatte 12 Söhne. Diese 12 Söhne gelten als die Stammväter der zwölf Stämme Israels.

Der Geschichte nach ist der Begründer dieser Religion Moses. Er führte die Juden aus der ägyptischen Gefangenschaft heraus ins gelobte Land und übermittelte die Zehn Gebote. Somit galt er als Erlöser und Prophet. Er hielt die Offenbarungen Gottes in der Thora fest. So entwickelte sich diese Religion vor gut 4.000 Jahren im heutigen Israel. Später entstanden daraus das Christentum und der Islam.

Neben Abraham und Moses gilt Noah als dritter Urvater des Judentums. Die Geschichte besagt, dass Gott nacheinander mit allen Dreien jeweils einen Pakt schloss. Noah sollte dafür sorgen, dass die Menschen nach Gottes Geboten leben. Er baute die Arche und nahm nur seine

Familie sowie ein männliches und weibliches Tier jeder Rasse mit, als die gewaltigen Fluten und Unwetter auf die Erde herunterprasselten und sorgte so für das Fortbestehen aller Arten.

Heute haben die Juden nur noch etwa 15 Millionen Anhänger und stellen eine eher kleine Religion dar. Statt der Kirche finden sie in der Synagoge Zuflucht. Das Symbol der Juden ist der sogenannte Davidstern, also ein sechseckiger Stern. Synagogen haben kein geistliches Oberhaupt. Außerdem ist die Menora, ein siebenarmiger Leuchter, ein wichtiges Symbol. Die Zahl Sieben steht für Weisheit und die Übereinstimmung mit dem Rat Gottes. Es gibt lediglich den Rabbi als Priester. Man wird Jude, sobald die Mutter jüdischen Glaubens ist. Außerdem ist es Tradition, am 8. Tag nach der Geburt beschnitten zu werden. Analog zur Konfirmation bei den Christen gibt es bei den Juden im 13. Lebensjahr die Bar Mitzwa. Ab diesem Tag ist ein Kind religionsmündig und wird als Mitglied der Gesellschaft anerkannt.

Früher mussten sich die Frauen laut Glauben den Männern unterordnen. Diese Regelung wurde jedoch, außer bei den extrem Gläubigen, weitestgehend gelockert. Der Ruhetag bei den Juden ist der Sabbath, also der Samstag. An diesem Tag darf weder Auto gefahren noch gearbeitet werden. Männliche Juden sind an der Kippa, also ihrer Kopfbedeckung, zu erkennen. Sie steht als Zeichen des Respekts vor Gott.

### Christentum

Das Christentum gehört mit 2,1 Milliarden Angehörigen zu den größten Religionen der Welt. Entstanden ist es vor etwa 2.000 Jahren in einer kleinen Gemeinde im Römischen Reich.

In den meisten Grundzügen hat sich das Christentum aus dem Judentum heraus entwickelt. Es gibt jedoch einen wesentlichen Unterschied. Jesus Christus, der Vater des Christentums, steht hier auf eine ganz spezielle Art und Weise im Mittelpunkt. Er gilt nicht als der Prophet Gottes, sondern als sein Sohn und sollte die endgültige Erlösung der Welt und die

Heilung von allen Sünden der Menschheit verwirklichen. Außerdem tritt er dreifaltig, also als Sohn, Vater und Heiliger Geist, in Erscheinung. Bis heute ist umstritten, ob Jesus der Christus, Sohn Gottes, tatsächlich gelebt hat. In den Evangelien des Neuen Testaments finden sich zwar Andeutungen über seine Taten zur Heilung von Krankheiten, diese sind jedoch nicht tatsächlich bewiesen. Er wurde zu einer historischen Figur, weil man historisch, nachprüfbare (sowohl biblische als auch profane) Berichte hat.

Jesus war gebürtiger Jude und wurde als Sohn eines Handwerkers geboren. Bevor er als Wanderprediger durch die römischen Länder zog, pflegte er die Traditionen dieser Religion. Er predigte von Nächstenliebe und von der Liebe Gottes, die keinen Menschen ausschloss. Seiner Aussage nach waren vor Gott alle Menschen gleich. In einer Zeit voll von Hungersnot und sozialer Ungleichheit fühlten sich die Menschen von dieser Botschaft angesprochen. Vor allem Juden sahen in Jesus den charismatischen Prediger, Messias, der aus dem Alten Testament als Heilsbringer bekannt war. Da die Übersetzung für Messias Christus war, gaben seine Anhänger ihm diesen Beinamen.

Laut Christentum gibt es sieben Todsünden: Habgier, Neid, Zorn, Faulheit, Völlerei, Wollust und Maßlosigkeit.

Über die Anfänge des Christentums finden sich Glaubenszeugnisse in der Bibel, der Heiligen Schrift der Christenheit. Sie besteht aus dem Alten und dem Neuen Testament. Im Alten Testament sind altjüdische Religionstexte zu finden. Gleichzeitig beinhaltet es die Zehn Gebote, nach denen die Christen leben. Das Neue Testament unterteilt sich in die vier Evangelien – übersetzt auch frohe Botschaft, die das Wirken und die Wundertaten von Jesus beschreiben – sowie die Apostelgeschichte.

Den Römern war das Christentum nicht geheuer. Jesus war für sie ein Störenfried und sie fürchteten um ihre Machtposition und die innere Sicherheit. Daher wurde Jesus wohl ca. 30/ 33 n.Chr. gekreuzigt. Nach seinem Tod wurden Christen lange Zeit weiter verfolgt und ermordet. Der römische Glauben beinhaltete eigene Götter. Sie glaubten daran, dass von diesen Göttern das Wohl des Staates abhinge. Die Verfolgung der Christen dauerte noch bis ins Jahr 313. Der Kaiser Konstantin beendete diese Epoche. Im Jahr 380 wurde das Christentum Staatsreligion. Über die Jahrhunderte hinweg kam es zu vielen religiösen Kriegen, wie beispielsweise der Kampf um Jerusalem während der Kreuzzüge oder der Zeit der Inquisition, in der Millionen Zweifler gefoltert und hingerichtet wurden. Dennoch breitete sich der Glaube immer weiter aus und bevölkerte ab dem 16. Jahrhundert die ganze Welt.

Der heilige Ort der Christen ist die Kirche. Der christliche Glauben unterscheidet sich heutzutage in katholisch, orthodox und protestantisch. Das Oberhaupt der römisch-katholischen Kirche ist der Papst. Der protestantische Teil bildete sich im 16. Jahrhundert im Zuge der Reformationsbewegungen in Europa. Sie war geprägt von Martin Luther, der besagte, dass Erlösung einzig und allein durch Gott herbeigeführt werden kann und nicht durch die Päpste und Priester und erkannte diese nicht als Heilige an. Da diese zu der damaligen Zeit Ablassbriefe, also eine finanzielle Erlösung, anboten, warfen sie Luther alles Mögliche vor. Dadurch spaltete sich der katholische vom protestantischen oder auch evangelischen Teil.

Die Christenheit ist reich an Vielfalt und umfasst unterschiedliche Kirchenfamilien, die im Allgemeinen in drei Hauptgruppen unterteilt werden:

- Die katholische Kirche
- die protestantischen bzw. reformatorischen Kirchen, zu denen man auch die pfingstlerischen Gemeinden zählen kann
- sowie die orthodoxen Kirchen

Besonders die christlich-orthodoxe Kirchenfamilie zeichnet sich durch ihre Vielfalt aus. Sie ist stark von den jeweiligen Ländern geprägt und weit verbreitet, nicht nur in Griechenland, sondern auch in der Türkei, in Syrien, auf dem Balkan, in Rumänien, Ungarn, der Ukraine,

Russland und vielen anderen Ländern Osteuropas. Jede dieser Kirchen hat ihre eigenen Traditionen, Symbole und vor allem Kreuzzeichen, die ihre religiöse und kulturelle Identität unterstreichen.

### Islam

Nach dem Christentum ist der Islam mit 1,3 Milliarden Anhängern die Religion mit den meisten Mitgliedern. Das Wort Islam bedeutet übersetzt so viel wie Frieden, Unterwerfung oder Hingabe.

Ähnlich wie bei den Christen gilt auch bei den Muslimen Abraham als Stammvater der Religion. Sie kennen auch Jesus Christus, ordnen ihn jedoch lediglich als Prophet ein. Außerdem glauben sie an ein Leben nach dem Tod – hält man sich während seiner Lebenszeit an die Gebote Gottes, darf man nach seinem Tod ins Paradies aufsteigen. Es gibt auch eine islamische Hölle – der Gott Allah soll jedoch gnädig sein und Verständnis für menschliche Fehler haben, sodass durch Reue für das eigene Fehlverhalten auch verziehen werden kann.

Die heiligen Schriften des Islam nennen sich Koran. Diese Schriften sind nicht nur für den Glauben wichtig, sondern bilden auch die Basis für das islamische Recht. Der Koran schreibt Verhaltensweisen wie Gerechtigkeit, Beharrlichkeit, Geduld, Enthaltsamkeit, Gehorsam, Dankbarkeit, Solidarität und Aufrichtigkeit vor. Außerdem regelt er das Zusammenleben zwischen den Menschen und gibt Richtlinien für die Nahrungsaufnahme vor. Muslime dürfen kein Schweinefleisch oder Blut zu sich nehmen, da es als unrein gilt.

Der islamische Glaube basiert auf fünf Grundpfeilern. Zuerst gilt das Aussprechen des Glaubensbekenntnisses. Außerdem muss ein guter Moslem fünf Mal täglich beten. Hierfür gibt es festgelegte Zeiten: In der Morgendämmerung, mittags, nachmittags, abends und nach Einbruch der Nacht. Die dritte Säule besteht darin, dass jeder Moslem einen Teil seiner Einnahmen an Arme und Hilfsbedürftige abgeben sollte. Außerdem sollte der Ramadan, der 9. Monat des islamischen Mondkalenders, als

Fastenzeit genutzt werden. Hier dürfen zwischen Morgendämmerung und Sonnenuntergang weder gegessen noch getrunken oder sexuelle Beziehungen eingegangen werden. Ausnahmen bilden hier nur Alte und Kranke sowie Frauen, die ihre Regel haben, schwanger sind oder stillen. Der letzte Pfeiler besteht in der Wallfahrt nach Mekka. Diese soll von allen Muslimen einmal im Leben abgehalten werden.

Leider wurde der islamische Glaube von extremen Gruppen missbraucht. Der sogenannte Dschihad geht davon aus, dass durch den allumfassenden Einsatz von Leib und Leben eine Belohnung von Gott auf sie wartet und dadurch Selbstmordattentate rechtfertigt. Daher wurde auch häufig kritisiert, dass der Islam zu einer Einengung der Menschenrechte führt. Moderne Islamisten lehnen eine solche Haltung jedoch ab. Obwohl Frauen beispielsweise ein Kopftuch tragen, sind die Vorschriften in den letzten Jahren gelockert worden. Entscheiden sich die Frauen für eine Verschleierung, geschieht das aus eigenem Antrieb heraus.

**Hinduismus**

Der Hinduismus verzeichnet 850 Millionen Anhänger und stellt damit die drittgrößte Weltreligion dar. Die meisten Hindus glauben nicht nur an einen, sondern an mehrere verschiedene Götter. Je nach Kultur können sich diese Götter unterscheiden. Allerdings glauben sie alle an die göttliche Macht Brahman, an die Wiedergeburt und an die Erlösung. Hindus verehren und schützen die heilige Kuh und pilgern einmal jährlich zu den heiligen Stätten, um ihre Götter zu ehren.

Der Hinduismus hat, wie der Buddhismus, seinen Ursprung in Indien. Es gibt jedoch keinen tatsächlichen Begründer dieser Religion. Es ist lediglich bekannt, dass vor etwa 4.500 Jahren ein Volk entlang des indischen Flusses Indus lebte. Von den Muslimen, die im 13. Jahrhundert in Indien einwanderten, wurde dieses Volk Hindus genannt.

Etwa 1750 v. Chr. wanderten die Arier, ein Nomadenvolk, nach Indien. Deren Glaubensgrundsätze vermischten sich mit denen der Hindus und der hinduistische Glauben entstand. Hierbei handelt es sich jedoch um strenge Regeln und Vorschriften, sondern vielmehr um eine Weltanschauung und Lebensart, die Einfluss auf das tägliche Leben nimmt. Die Hindus nennen ihre Religion auch Sanatana Dharma – übersetzt bedeutet es so viel wie ewige Ordnung oder ewige Religion.

Hinduisten glauben nicht nur an einen Gott, sondern verehren mehrere dieser Art. Die wichtigste dieser Gottheiten ist Brahma. Hierbei handelt es sich jedoch eher um eine göttliche Kraft, die allen Menschen und Tieren Leben einhaucht. Weitere bekannte Gottheiten sind Shiva, der Gott der Gegensätze, Vishnu, der Gott der Güte, und Krishna, der Gott der Freude, der Liebe und der Weisheit. Diesen Figuren sind auch jeweils Feiertage gewidmet. Die wichtigsten heiligen Schriften nennen sich Veden – es sind alte Texte über die Götter, magische Beschwörungen und Lieder.

Hinduisten glauben an die Reinkarnation und sind davon überzeugt, dass es ein Leben nach dem Tod gibt. Für sie lebt der Mensch in einem ewigen Kreislauf namens Samsara, da die Seele des Menschen unsterblich ist. Gleichzeitig glauben sie an das Karma – das bedeutet, dass die Taten zu Lebzeiten darüber entscheiden, als was man im folgenden Leben wiedergeboren wird. Diese Wiedergeburt kann als Mensch, als Tier oder sogar als Stein geschehen. Aus diesem Grund sind die meisten Hindus auch Vegetarier. Durch gute Taten kann man selbst zu einer göttlichen Figur aufsteigen. Dieser Prozess nennt sich Moksha – um das zu erreichen, muss man sich nach einem gewissen Verhaltenskodex, dem Dharma, richten. Sie beinhalten die zehn Lebensregeln der Hindus und Freundlichkeit gegenüber Nachbarn, Familie und Freunden. Je nachdem wie man sich im Leben verhält, wird man in eine Kaste eingeteilt. Sie ordnen die hinduistische Gesellschaft in Priester, Adlige und Beamte, die Arbeiterschicht und Untergebene und Diener. Im schlimmsten Fall gehört man zu den sogenannten Unberührbaren, die beispielsweise tote Tiere entfernen. Die Kaste zu wechseln, ist nicht möglich. Diese Ordnung wurde zwar offiziell abgeschafft, viele Menschen richten sich dennoch bis heute danach.

Ein weiterer wichtiger Bestandteil der hinduistischen Religion besteht in den Pilgerfahrten. Hier reisen tausende Hindus zu Orten mit besonderer religiöser Bedeutung, wie dem Fluss Ganges. Zum Teil müssen sie dafür lange Strecken zu Fuß zurücklegen und sind wochenlang unterwegs. Die heiligen Orte geben ihnen die Möglichkeit, sich von ihren Sünden rein zu waschen. Außerdem sollen sie die Kranken erlösen, damit sie nach ihrem Tod den Kreislauf der Wiedergeburt verlassen und erlöst werden können.

Viele Hinduisten sind an dem roten Punkt auf ihrer Stirn zu erkennen. Er nennt sich auch "drittes Auge" und symbolisiert Erleuchtung. Frauen tragen ihn meist, um zu symbolisieren, dass sie verheiratet sind.

**Buddhismus**

Mit 450 Millionen Gläubigen ist der Buddhismus die viertgrößte Weltreligion. Im Gegensatz zu allen anderen großen Religionen gibt es hier weder einen allmächtigen Gott noch das ewige Leben. Buddhisten glauben daran, dass sie nur durch Selbsterkenntnis zur Erlösung gelangen können. Er ist vor allem in den asiatischen Ländern verbreitet. Seinen Ursprung findet der Buddhismus in Indien. Dennoch gibt es keine einheitlichen Richtlinien, sondern sie variieren je nach dem Land, in dem sie ausgelebt werden.

Als Begründer des Buddhismus gilt Siddharta Gautama. Er war sozusagen der erste Buddha, zu Deutsch also der erste "Erwachte". Er wurde als Fürstensohn geboren und soll im Alter von 29 Jahren jedem Luxus entsagt haben, da ihm bewusst geworden war, dass ihm Luxus und Güter nicht zu wahrem Glück verhelfen konnten. Er entschied sich für ein Leben der Enthaltsamkeit und Askese und beschäftigte sich mit der Frage nach dem Leiden der Menschheit. Er lehnte jede Form von Macht, Besitz und Gewalt ab. Dem Glauben zufolge erlangte er in einer kleinen nordindischen Stadt unter der Pappel-Feige "Bodhi" Erleuchtung und predigte diese bis zu seinem 80. Lebensjahr. Die buddhistische Lehre wird auch

Dharma genannt. Sie enthält die vier edlen Wahrheiten. Sie besagen, dass das Leben ein Kreislauf des Leids ist. Ursache dieses Leids sind die drei Geistesgifte Gier, Hass und Verblendung. Das Leiden soll erst erlöschen, wenn die Ursachen erlöscht werden. Dieses Erlöschen führt über den Edlen Achtfachen Pfad.

Dieser Pfad gilt bis heute als gemeinsame Lehre aller buddhistischen Schulen. Er besteht aus der rechten Sicht und Erkenntnis, dem rechten Denken und Entschluss, der rechten Sprache, dem rechten Handeln, der rechten Lebensweise, dem rechten Streben, der rechten Achtsamkeit und der rechten Sammlung und Versenkung. Diese Versenkung soll durch Meditation geschehen und die Menschen der Erlösung Stück für Stück weiterbringen. Dafür muss ein Mensch meist mehrere Lebenszyklen absolvieren. Diese Zyklen nennen sich Samsara. Je nachdem wie der Mensch gelebt hat, wird er entweder erneut als Mensch oder, bei schlechter Lebensweise, als Tier oder im Reich der Geister und Dämonen wiedergeboren. Bei erfolgreicher Lebensweise erfolgt ein Austritt aus dem Kreislauf und man gelangt ins Nirwana. Das Nirwana gilt als größtes Glück, da es ein Zustand vollkommener Geistesruhe durch das Loslösen von allen Gefühlen, Gedanken und Wünschen darstellt.
Im Buddhismus stehen Eigenverantwortung und Selbstständigkeit an zentraler Stelle. Daher lehnen sie jede Form von Hierarchien und Obrigkeiten ab.

## LITERATUR, KUNST UND MUSIK

Bei diesem letzten Bereich des Allgemeinwissens musste ich immer zuerst an meine Großeltern denken. Sie lasen die Werke der großen deutschen Schriftsteller, ich musste zu Kunstausstellungen, um mich zu bilden und wurde dutzende Male von Beethovens 5. Sinfonie geweckt. Dennoch gehört es zum Grundwissen dazu – wenigstens im Bereich der deutschen Musiker, Künstler und Schriftsteller.

Viele moderne Werke berufen sich auf diese Persönlichkeiten und ihre Leistungen.

### Literaturepochen

Die Menschen begannen bereits im Mittelalter zu schreiben – auch wenn dieses Talent den höheren Gesellschaftsschichten vorbehalten war.

Vom 5. Jahrhundert bis 1180 herrschte die Zeit des Frühmittelalters. Meist wurden Geschichten des Alltags erzählt, von Prosa und Dichtungen fehlte jede Spur. Stattdessen wurden Tagebucheinträge oder Chroniken veröffentlicht, die die Ereignisse des Mittelalters beschrieben. In der folgenden Epoche, dem Hochmittelalter, änderte sich diese Tradition. Die zu dieser Zeit lebenden Ritter wurden Dichter und Komponisten und gestalteten ihre Werke in Eigenregie. Vor allem die Minnesänger veranstalteten kulturelle Wettkämpfe. Darunter zählt unter anderem Walther von der Vogelweide. Diese Epoche hielt bis 1250 an.

Von 1500 bis 1600 fand die Zeit der Renaissance und Reformation statt. Personen wie Martin Luther prägten diese Phase. Statt Sagen von Göttern standen nun die Menschen im Vordergrund. Die Geschichten von Till Eulenspiegel stammen aus dieser Zeit. Außerdem wurden häufig Begriffe und Themen der Antike wieder aufgenommen und neu aufgearbeitet. Aus der Renaissance heraus entwickelte sich der Barock, der bis 1720 anhielt. Sie wurde vor allem durch Gegensätze geprägt, da der prunkvolle Reichtum des Adels und die allgemeine Lebensfreude gegen die Angst vor Tod und Verfall stand. Zu dieser Zeit war der Dreißigjährige Krieg gerade vorbei und den Menschen war klar geworden, wie schnell das Leben vorbei sein kann. Vor allem Gedichte erfreuten sich großer Beliebtheit.

In den folgenden 70 Jahren fand die Zeit der Aufklärung statt. Die moralischen und philosophischen Ansichten des verstandsgemäßen und tugendhaften Handelns sollten für die literarische Öffentlichkeit zugänglich gemacht werden. Erstmals traten freie Schriftsteller ins Rampenlicht, die nicht nur den königlichen Adel, sondern die gesamte Gesellschaft mit ihren Werken bilden und erleuchten wollten. Hierunter zählten beispielsweise Lessing oder der Philosoph Immanuel Kant. Innerhalb dieser Zeit entwickelte sich zudem eine Sonderform, die Sturm und Drang Phase. Vor allem junge Autoren setzten sich intensiv mit ihrer Gefühlswelt auseinander und trugen sie über ihre Texte nach außen. Meist waren die Protagonisten dramatische Helden, die sich voller Emotionen durch ihre schwierige Lebensgeschichte schlagen mussten. Goethe und Schiller zählten beide zu dieser Epoche und gelten bis heute zu den bekanntesten deutschen Literaten. Nachdem beide jedoch älter wurden, wurden auch ihre Texte ruhiger. Sie läuteten daher das Zeitalter der klassischen Literatur ein. Neben einem hohen Harmoniebedürfnis zeichneten sich hier auch erstmals Menschlichkeit, Toleranz und Schönheit ab. Die Sprache wurde weniger leidenschaftlich, sondern einheitlich und geordnet.

Die Epoche der Romantik begann Mitte des 18. Jahrhunderts und dauerte fast bis in die Mitte des 19. Jahrhunderts. Diese Zeit war vor allem von gesellschaftlichen Umbrüchen und technischem Fortschritt geprägt. Tiefgreifende Emotionen sollten die Grenzen des Verstandes erweitern und sich gegen die Industrialisierung richten. Aus dieser Zeit entstammen die Werke von Rilke oder den Gebrüdern Grimm.

Die Biedermeier-Epoche geht auf den humoristischen Denker und Jurist Ludwig Eichrodt zurück. Sie wurde ausgelöst durch den Wiener Kongress und die Restaurationsphase in Deutschland. Die literarischen Werke waren eher konservativ gehalten und standen im Gegensatz zum Vormärz, bei dem die Texte eher radikal-demokratisch gehalten waren.

In der zweiten Hälfte des 19. Jahrhunderts wirkte sich die Industrialisierung auf das alltägliche Leben aus. Arbeiten, die bisher von Menschen übernommen wurden, wurden nun von Maschinen erledigt. Die Lyriker dieser Zeit, wie etwa Theodor Fontane, setzten sich bewusst nicht mit diesen politischen und wirtschaftlichen Themen auseinander, sondern stellten lieber den einzelnen Menschen in den Mittelpunkt. Die Geschichten waren schon beinah neutral gehalten, sodass der Leser sich selbst eine

Meinung bilden sollte.

Die Literaturepoche der Moderne steht im Gegensatz zum Realismus. Zu dieser Zeit wurde das bisher bestehende Weltbild durch neue Erkenntnisse auf den Kopf gestellt – etwa durch Freuds Psychoanalyse oder die wissenschaftlichen Funde von Max Planck. In der Literatur herrschte dadurch stilistische Freiheit und jegliche Zensur wurde abgeschafft. Literatur stand nun jedem Menschen frei zur Verfügung und wurde als Mittel zur Äußerung der Emotionen genutzt.

Nach dem Ende des Ersten Weltkrieges und dem Zusammenbruch des Kaiserreichs. Viele extreme Machtgruppen bildeten sich und übertrugen ihre Meinung auch auf die Literatur. Thematisch befassten sich die Autoren vor allem mit der Vielzahl an Veränderungen und Auswirkungen auf die Bevölkerung. Außerdem schrieben sie viel über Liebe. Herausragende Autoren dieser Zeit waren vor allem Bertolt Brecht und Erich Maria Remarque.

Nach Ende des Zweiten Weltkrieges wurde Deutschland in zwei Hälften geteilt. Diese Tatsache und die Auswirkungen des Kalten Krieges prägten diese Phase. Der Nationalsozialismus wurde zum großen Themenbereich und die Verleugnung der Vergangenheit wurde öffentlich angeprangert. Viele Schriftsteller versuchten, über ihre Werke ihre Identität zu finden und zu festigen. Aus dieser Zeit entstammen Günther Grass und Patrick Süsskind.

### Epochen der Musik

Die Epocheneinteilung der Musik ist sehr schwierig und je nachdem, wo Sie sich informieren, werden Sie verschieden detaillierte Auskünfte erhalten. Das liegt unter anderem daran, dass einige Komponisten in mehrere Epochen untergliedert werden und verschiedene Stile miteinander vermischt haben.

Als Renaissancemusik wird die Musik der Neuzeit, also des 15. und 16. Jahrhunderts, bezeichnet. Sie war bereits mehrstimmig, mehrheitlich vokal und zum Teil auch bereits mit Instrumenten untermalt. Im Gegensatz zum Mittelalter wurden die Stimmen nun miteinander vermischt. Vertreter dieser Epoche sind zum Beispiel Josquin Desprez und Johannes Ockeghem.

Die Barockmusik wird auch als Generalbasszeitalter bezeichnet. Innerhalb der Sätze fand sich nun eine fast einheitliche Motivik und es wurden erstmals alle Dur- und Molltonarten genutzt. Jedoch fanden sich nahezu keine Angaben zur benötigten Lautstärke. Dennoch konnten Komponisten wie Antonio Vivaldi und Friedrich Händel herausragende Stücke produzieren.

Aus der Klassik entstammen berühmte Komponisten wie Wolfgang Amadeus Mozart oder Joseph Haydn. Sie zeichneten sich dadurch aus, dass sie das Cembalo durch Klavier und Klarinette ersetzten. Außerdem wurden die Standardorchester erweitert – nebst größeren Streichkörperflöten, Oboen und Fagotten fanden sich nun auch Trompeten, Hörner, Pauken und Posaunen.

Ähnlich wie bei der Literatur wurde auch die musikalische Romantik genutzt, um Emotionen, Beziehungen und Entwicklungen auszudrücken. Es wurden Singmittel eingesetzt, die unserem modernen Gesang ähneln. Johannes Brahms, Franz Schubert und Robert Schumann zählen zu den bekannten Komponisten dieser Zeit.

Die Moderne hat viele Musikstile, wie Rock, Jazz, elektronische Musik und Pop, mit sich gebracht. Sie begann im 20. Jahrhundert – je nachdem, welcher Musikrichtung Sie folgen, werden Sie einzelne Feinheiten finden, die die jeweilige Untergruppe auszeichnen. Elvis Presley und die Beatles haben bis heute beliebte Meisterwerke erschaffen, die von allen Generationen gehört werden.

**Kunstepochen**

Viele Kunstepochen erinnern an die Literatur. Zum Teil haben sich Maler und Schriftsteller auch sehr ähnlich ausgedrückt – sie nutzten nur unterschiedliche Mittel dafür.

Während der Renaissance spielten ideale Maße und Proportionen eine große Rolle bei der Darstellung. Künstler wie da Vinci und Michelangelo bedienten sich schon fast mathematischer Exaktheit, um so viel Raumtiefe wie möglich darzustellen.

Der Barock behandelte vorwiegend die Vergänglichkeit der Dinge, die Scheinhaftigkeit der Welt und den Wandel des Daseins. Rubens und Velásquez brachten diese Themen auf ihren Leinwänden zum Ausdruck.

Auch bei der Malerei sorgte die Phase der Romantik für eine Tendenz zur emotionalen Seite und einer möglichst phantasievollen und individuellen Darstellung. Die Künstler, so auch Runge und Delacroix, wandten sich neben den Emotionen auch dem mythischen Gedanken zu. Im Gegensatz dazu wurden im Realismus ausschließlich die Dinge dargestellt, die der Maler vorher auch sehen und anfassen konnte.

Der Impressionismus dauerte von 1870 bis 1900. Aus dieser Zeit sind vor allem die französischen Maler Monet und Manet bekannt. Sie setzen passende, verschiedenfarbige Flecken aneinander, damit sich die Vorstellung verzerren konnte und die Farben bei entfernter Betrachtung zu neuen Farben zusammenfügten. Darauf folgte der Expressionismus, bei dem Maler wie van Gogh vor allem subjektive Gefühle zum Ausdruck brachten. Der Jugendstil war stark an die Natur angelehnt. Die Bilder fallen vor allem durch fließende Linien, Ornamente und geometrische Figuren auf.

Von 1900 bis 1945 gab es drei verschiedene Epochen, die alle sehr ähnlich waren und sich in den Details doch voneinander unterschieden. Beim Kubismus wurden Objekte vor allem auf künstlerische Figuren reduziert. Picasso war einer der Meister dieses Gebietes. Der Dadaismus reduzierte Alltagsgegenstände auf Kunstobjekte und ließ die Grenzen zwischen den Kunstgattungen verschmelzen. Auch der Surrealismus ließ Wirklichkeit und Traum miteinander verschmelzen. Wenn es nötig war, wurden reale Dinge so lange abstrakt angeordnet, bis der Betrachter nicht mehr zwischen Traum und Realität unterscheiden konnte. Aus dieser Zeit ist vor allem Dalí bekannt.

Im Gegensatz dazu stand die Phase des Bauhaus von 1920 bis 1925, die durch klare Linien und Formen geprägt war. Das Ziel der Epoche bestand darin, Kunst mit der neu gewonnenen Technik zu vereinigen.

Ab 1958 sollte Kunst massentauglich gemacht werden. Daraus bildete sich die Epoche des Pop-Art, die tatsächlich stark an die heutigen Werbetafeln erinnert. Ab 1978 wurde die Epoche durch den Neo-Expressionismus ergänzt, der sich vor allem durch kräftige Farben auszeichnete.

# Quellenangabe

https://www.mylifes.de/allgemeinwissen-trainieren/
https://de.wikipedia.org/wiki/Allgemeinbildung
https://www.mein-wahres-ich.de/magazin/allgemeinbildung-verbessern/
https://www.grin.com/document/317961
https://www.unicum.de/de/studentenleben/mit-allgemeinbildung-punkten
https://www.neuronation.de/lernen/das-allgemeinwissen-aufbauen
https://www.t-online.de/gesundheit/krankheiten-symptome/id_81381592/arbeitsgedaechtnis-trainieren-so-verbessern-sie-ihre-denkleistung.html
https://karrierebibel.de/gedaechtnistraining/
https://mal-alt-werden.de/10-uebungen-zu-dem-trainingsziel-logisches-denken-fuer-das-gedaechtnistraining-mit-senioren/
https://www.welt.de/wissenschaft/article4493948/Wie-Sie-Ihr-Gedaechtnis-richtig-trainieren.html
https://www.bildungsxperten.net/wissen/tricks-und-ubungen-das-allgemeinwissen-effizient-verbessern/
http://www.paradisi.de/Freizeit_und_Erholung/Bildung/Gehirntraining/Artikel/22127.php
https://de.wikipedia.org/wiki/Mnemotechnik
https://www.merksaetze.net/
https://lerntipps.lerntipp.at/ersatzwortmethode/
https://www.hans-dieter-hoertrich.de/lernen-lernen/ersatzwort-methode/
https://www.lecturio.de/magazin/vier-mnemotechniken/
https://arbeitsblaetter.stangl-taller.at/LERNTECHNIK/Mnemotechnik.shtml
https://www.vigo.de/rubriken/koerper-und-seele/gesunder-koerper/lesen/mnemotechnik.html
https://karrierebibel.de/gedaechtnistraining/
https://blogsheet.info/gedaechtnistraining-methoden-dinge-leichter-merken-17170
https://de.wikipedia.org/wiki/Vergessenskurve
https://www.neuronation.de/gedaechtnistraining/vergessenskurve

https://www.taschenhirn.de/geografie/
https://www.taschenhirn.de/mensch-und-natur/
https://www.unicum.de/de/studentenleben/mit-allgemeinbildung-punkten
https://bwt.planet-beruf.de/fileadmin/redakteure/pdf/5_2_2_arbeitsblatt_allgemeinwissen.pdf
https://michaeli-gymnasium.de/fachschaften-biologie-grundwissen.php
https://praxistipps.focus.de/was-ist-fotosynthese-einfach-erklaert_96958
https://www.taschenhirn.de/wissenschaft/
https://www.zusammenfassung.info/2-weltkrieg-zusammenfassung
https://www.taschenhirn.de/geschichte/
https://www.zusammenfassung.info/1-weltkrieg-zusammenfassung
https://www.sueddeutsche.de/politik/us-geschichte-verkauf-von-alaska-russlands-duemmster-deal-1.3422968
https://www.zeitklicks.de/brd/zeitklicks/zeit/weltgeschichte/ost-west-konflikt/gruendung-der-nato/
http://www.cpw-online.de/kids/george_washington.htm
https://www.bpb.de/internationales/europa/europaeische-union/42864/waehrungsunion
https://www.kindersache.de/bereiche/wissen/politik/die-geschichte-der-eu
https://www.mein-wahres-ich.de/magazin/allgemeinwissen-politik/
https://www.planet-wissen.de/kultur/religion/das_christentum/index.html
https://www.helles-koepfchen.de/wissen/geschichte-und-kultur/die-grossen-weltreligionen
https://www.wissen.de/wissenstest/deutsche-literatur/take
https://www.lernort-mint.de/allgemeinwissen/kultur/4527-2/
https://wortwuchs.net/literaturepochen

Wir danken Ihnen für Ihr Interesse und Ihr Vertrauen. Als Dankeschön dafür, haben wir eine besondere Überraschung. Sie möchten Ihre Ausdrucksweise verbessern und andere mit Wortgewandtheit überzeugen? Wir helfen Ihnen mit **14 einzigartigen Übungen** dabei. Das Beste: Sie erhalten diese vollkommen kostenlos. Das klingt wunderbar? Dann warten Sie nicht lange und holen Sie sich Ihr Gratis-Geschenk.

## Hier geht es zu Ihrem Gratis-Geschenk:

https://forms.gle/TzaR3miPHJCrSjxL6

1. **Öffnen Sie die Kamera-App auf Ihrem Smartphone und richten Sie die Kamera auf den QR-Code.**
2. **Klicken Sie auf den Link, der Ihnen angezeigt wird und schon werden Sie zur Website weitergeleitet.**

# Impressum

Herausgeber: Pegoa Global Media GmbH / Am Sandtorkai 27 / 20457 Hamburg
Kontakt: kontakt@pegoamedia.de
Coverbild: Shutterstock

**Haftungsausschluss:**
Die Nutzung dieses Buches und die Umsetzung der enthaltenen Informationen, Anleitungen und Strategien erfolgt auf eigenes Risiko. Der Autor kann für etwaige Schäden jeglicher Art aus keinem Rechtsgrund eine Haftung übernehmen. Haftungsansprüche gegen den Autor für Schäden materieller oder ideeller Art, die durch die Nutzung oder Nichtnutzung der Informationen bzw. durch die Nutzung fehlerhafter und/oder unvollständiger Informationen verursacht wurden, sind grundsätzlich ausgeschlossen. Rechts- und Schadenersatzansprüche sind daher ausgeschlossen. Dieses Werk wurde sorgfältig erarbeitet und niedergeschrieben. Der Autor übernimmt jedoch keinerlei Gewähr für die Aktualität, Vollständigkeit und Qualität der Informationen. Druckfehler und Falschinformationen können nicht vollständig ausgeschlossen werden. Es kann keine juristische Verantwortung sowie Haftung in irgendeiner Form für fehlerhafte Angaben vom Autor übernommen werden. Die bereitgestellten Analysen, Vorschläge, Ideen, Meinungen, Kommentare und Texte sind ausschließlich zur Information bestimmt und können ein individuelles Beratungsgespräch nicht ersetzen. Alle Informationen dieses Buches entsprechen dem Kenntnisstand zum Zeitpunkt des Verfassens dieses Buches. Eine Haftung für mittelbare und unmittelbare Folgen aus den Informationen dieses Buches ist somit ausgeschlossen.
Informieren Sie sich weitläufig aus unterschiedlichen Quellen und bedenken Sie, dass am Ende nur Sie für die Entscheidungen verantwortlich sind.



**Haftung für externe Links:**
Unser Angebot enthält Links zu externen Websites Dritter, auf deren Inhalte wir keinen Einfluss haben. Deshalb können wir für diese fremden Inhalte auch keine Gewähr übernehmen. Für die Inhalte der verlinkten Seiten ist stets der jeweilige Anbieter oder Betreiber der Seiten verantwortlich. Die verlinkten Seiten wurden zum Zeitpunkt der Verlinkung auf mögliche Rechtsverstöße überprüft. Rechtswidrige Inhalte waren zum Zeit-punkt der Verlinkung nicht erkennbar.